AF565016

Yuval Lapide

Jüdische Lebensweisheiten

camino.
gemeinsam auf dem Weg

Yuval Lapide

Jüdische Lebensweisheiten

camino.

Bildnachweis

Seite 6 © unsplash (Mariam Soliman), Seite 12 / 13 © unsplash (Robert), Seite 38 / 39 © unsplash (Dan Gold), Seite 62 / 63 © unsplash (Dave Herring), Seite 92 / 93 © unsplash (Patrick Schneider), Seite 110 / 111 © unsplash (Robert Bye), Seite 136 / 137 © unsplash (Dave Herring), Seite 168 / 169 © unsplash (Matt Lee), Seite 206 © Autor (Yuval Lapide)

1. Auflage 2019
Ein **camino.**-Buch aus der

Gesamtgestaltung:
Weiß-Freiburg GmbH – Grafik und Buchgestaltung, Freiburg i.Br.
Umschlagmotiv: Menora © istockphoto by Getty Images/bubaone
Hersteller gemäß ProdSG:
Druck und Bindung:
Finidr s.r.o., Lípová 1965, 737 01 Český Těšín, Czech Republic
Verlag: Verlag Katholisches Bibelwerk GmbH,
Silberburgstraße 121, 70176 Stuttgart

www.caminobuch.de
ISBN 978-3-96157-105-5

Inhalt

Ein Wort zuvor

Gut ist für mich die Weisung deines Munds, mehr als große Mengen von Gold und Silber, sagt der legendäre König David in seinem wortgewaltigsten aller Psalmen – Psalm 119, Vers 72.

In der Tat ist die Heilige Schrift von Juden und Christen – das Erste Testament – voll von weisen und wegweisenden Geschichten und Aphorismen, die das Volk Gottes im Laufe der Jahrhunderte durch seine eigenen Erfahrungen mit seinem Gott, dem Schöpfer des Lebens, gemacht und weitergegeben hat. Jüdische Weisheit kennzeichnet sich durch eine enorm starke Gebundenheit an und Verbundenheit mit dem realen Leben aus, das den aufmerksamen, lernfähigen und lernwilligen Menschen – zur Zeit der Bibel wie heute – immer wieder dazu auffordern will, nützliche geistige Lehren aus den vielfältigen materiellen Vorkommnissen des Alltags zu ziehen. Zugespitzt formuliert, lässt sich sagen, die Gesamtheit der Heiligen Schrift von Juden und Christen ist eine einzige große Sammlung in Gestalt bunter Erzählungen tradierter, immerwährend gültiger Lebensweisheiten. Diese tiefen Weisheiten, um die die jüdischen Tradenten der Bibel hervorragend Bescheid wussten, gilt es heute durch gekonnte Bibelauslegung dem darin ungeübten Leser verständlich und identifizierbar zu präsentieren. Die Geschichte des jüdischen Volkes, wie sie uns das kostbare Wort Gottes in seinen 24 Büchern des Ersten Testaments vermittelt, umfasst sowohl spannende Begebenheiten im Leben einzelner Führungsgestalten und Privatpersonen als auch Berichte über kollektive Momente im Leben des stets turbulenten Volkes Gottes in seinem be-weg-ten Entwicklungsprozess hin zur bedingungslos monotheistischen Gemeinschaft Gottes. Die breit gestreuten biblischen Geschichten sind ausnahmslos eingebunden in die fruchtbare Spannung von Theozentrik und Anthropozentrik – in den spirituellen Kampf zwischen einerseits menschlicher Ego-Logik in Verbindung mit niederer handlungsorientierter menschlicher Egozentriertheit und andererseits göttlich-schöpferischer Führungslogik im Kontext von Gottes übergeordneter Schöpfungsweisheit. Die biblischen Erzählungen laden den Leser unentwegt dazu ein, den engen Rahmen eingebrannter, unreflektierter Denk- und Verhaltensmuster zu hinterfragen und sich zu neuen Alternativen in Denken und Handeln durchzuringen, die der Spezies des gottebenbildlichen Menschen gemäßer sind.

Die vorliegende Anthologie versteht sich als erste Bekanntmachung mit der immensen Vitalität und dem Reichtum jüdischer Auslegungskunst biblischer Texte. Der neugierige Leser ist eingeladen, sich chronologisch oder themenspezifisch mit den vorliegenden Texten zu befassen. Es wird empfohlen, den aus der katholischen Einheitsübersetzung entnommenen Bibeltext in ganzer Länge bei Lektüre der Auslegung zu lesen, damit sich das Gesamtgeschehen plastisch vor Augen entfalten kann. Die behandelten Texte eignen sich sowohl für Leser, die schon Übung im Umgang mit jüdisch-tiefgründiger Bibelarbeit besitzen, als auch für Christen und Christinnen, die als Neueinsteiger mit dem breiten Feld jüdischer Bibelweisheit in Berührung kommen wollen.

Der Autor dankt der Verlagsleitung für die außergewöhnlich harmonische Zusammenarbeit sowie der Lektorin Karina Barczyk für ihre stets kompetente und hilfsbereite Begleitung bei der Erstellung dieses Buches.

Yuval Lapide
Weinheim an der Bergstraße
Sommer 2019

Widmung

Ich widme dieses Buch meinen christlichen Freunden, Wegbegleitern und engagierten Mitstreitern im jüdisch-christlichen Dialog in deutschen Landen:

Dr. Michael Volkmann, Tübingen

Dr. Johannes Wachowski, Wernsbach bei Ansbach

Dr. Sabine Siemer, Wiesbaden

Gerlinde Tekoa Segel, Studiendirektorin a.D., Mönchengladbach

Diakon Werner Born, Wiesbaden

Pfarrer Benjamin Graf, Nieder-Roden bei Offenbach am Main

Pater Josef Fischer OFM, Kloster Schwarzenberg bei Scheinfeld

Matthias Rau, Diplomingenieur MBA, Wörth bei Aschaffenburg

Matthias Steup, Oberstudienrat a.D., Neunkirchen im Siegerland

Claudia Rommerskirchen, Diplom-Ökotrophologin, Bad Brückenau

Gunnar Meyn, Diplomingenieur Maschinenbau, Kornwestheim

Claudia Hermann, Zürich, Schweiz

Pfarrer Thomas Rellstab, Programmdirektor Radio Maria, Adliswil, *S*chweiz

Corinne Rellstab, Assistentin des Programmdirektors Radio Maria, Adliswil,Schweiz

Edith Malachit Staudenmeyer, Montessori-Pädagogin i.R., Fridingen an der Donau

Diese prononcierten Judenfreunde stehen stellvertretend für meine zahlreichen ungenannten Freunde und Schüler europaweit, die sich bibelgefestigt entschieden haben, nach der grauenvollen Tragödie des Holocaust ihre unendlich reichen Judentumswurzeln zu entdecken und zu lieben.

1

Wendepunkte im Leben

Sterben, um zu leben

Ein Jahr, bevor die Hungersnot kam, wurden Josef zwei Söhne geboren. Asenat, die Tochter Potiferas, des Priesters von On, gebar sie ihm. Josef gab dem Erstgeborenen den Namen Manasse – der vergessen lässt –, denn er sagte: Gott hat mich all meine Sorge und mein ganzes Vaterhaus vergessen lassen. Dem zweiten Sohn gab er den Namen Efraim – der Fruchtbare –, denn er sagte: Gott hat mich fruchtbar werden lassen im Lande meines Elends.
Das Buch Genesis Kapitel 41, Verse 50-52

Eine überwältigende Geschichte, die märchenhaften Charakter trägt: Ein von seinen Brüdern sadistisch-egoistisch verstoßener zweitjüngster Bruder wird über die Verkettung göttlich gefügter Umstände in ein heidnisches Weltreich entführt, um dort wiederum durch göttliches Eingreifen zu ungeahnten großen Ehren gehoben zu werden. Aufgrund seiner außergewöhnlichen volkswirtschaftlichen Kenntnisse kann er dem regierenden Pharao in Ägypten einen brillanten Wirtschaftsplan entwerfen, der zum Inhalt hat, das ägyptische Volk während der bevorstehenden siebenjährigen harten Hungersnot solide zu ernähren. So etwas hat das mächtige ägyptische Imperium noch nicht erlebt.

Ein als Sklave verkaufter und im ägyptischen Kerker wegen einer Verleumdungsklage inhaftierter jugendlicher Hebräer wird durch den Segen Gottes zum stellvertretenden König und obersten Wirtschaftsexperten der Nation befördert. Eine völlig ungeplante atemberaubende Karriere eines jungen Hebräers, der aus seiner kanaanäischen Heimat auf menschenverachtende Weise vertrieben und in ein fremdes heidnisches Weltreich verschleppt wird. Der hebräische Vizekönig Josef versteht von Anbeginn die göttliche Fügung seiner Verschleppung richtig zu deuten und setzt sich folglich mit Leib und Seele für eine konstruktiv-kreative Kooperation mit dem herrschenden System ein. Zu keinem Zeitpunkt wird uns ein larmoyanter, bedrückter oder gar verzweifelter Josef beschrieben. In jeder Episode seiner schmerzhaften Bemühungen, sich in das diktatorische System zu integrieren, beobachtet der aufmerksame Leser Josefs ungebrochenes und stetig wachsendes Gottvertrauen als seinen einzigen verlässlichen und unerschütterlichen Halt in der Fremde. Der Diktator Pharao ist so überwältigt von der ausstrahlenden, gottverbundenen Persönlichkeit des jungen Hebräers, dass er diesem vorbehaltlos die Tochter des obersten heidnischen Kultpriesters Asenat zur Ehefrau gibt. Das ist eine beispiellose Ehrerbietung eines Monarchen an einen kultisch-fremden „Migranten“. Die beiden in

der Erzählung genannten Söhne mit den hebräischen Namen Manasse und Efraim, die Josef auf fremdem Boden geboren wurden, zeugen unmissverständlich davon, wie stark Josefs Verbundenheit mit seinen jüdischen Heimatwurzeln geblieben ist. Beide Namen „verkörpern" auf programmatische Weise Josefs tiefe und weise Deutung seiner Mission in der Ferne. Der Erstgeborene „verkörpert" das unbelastete geistige Loslassen, das vertrauensvolle Abgeben bitterer Erfahrungen in der jüngsten Biografie an die höhere göttliche Instanz. Damit einhergehend darf – so der Name des nachgeborenen Sohnes Efraim – neues fruchtbares Leben auf und aus den Trümmern der Vergangenheit wachsen. Der hebräische Name Efraim bedeutet wortgetreu Doppelfrucht, eine doppelte Freiheit, eine doppelte Fülle; Erfüllung erwächst Josef aus der Überwindung des Vergangenheitstraumas in Ägypten.
Der junge Hebräer hat unter dem Leid seiner Verlassenheits- und Vertreibungserfahrung gelernt, hinter dem Fluch seiner biografischen Belastungen den unverhofften reichen göttlichen Segen zu sehen. Der junge Josef transformiert auf gereifte Weise seinen Schmerz des Heimatverlusts und der mörderischen Geschwisterrivalität seiner kanaanäischen Kindheit in die neue gegenwärtige Kooperation und Koexistenz mit den neuen Menschen an seiner Seite. Durch sein mutiges und altruistisches Denken

und Handeln wird Josef zu einem mächtigen Vorbild weit über die biblische Zeit hinaus. Josef versteht es trotz seines jugendlichen Alters, meisterhaft das Geschehen sinnfindend nicht auf ein rückwärtsgerichtetes WARUM zu befragen, sondern auf ein vorwärtsgerichtetes WOZU, welches neue Perspektiven aufzeigt.

Regeln dürfen durchbrochen werden

Israel streckte seine Rechte aus und legte sie Efraim auf den Kopf, obwohl er der jüngere war, seine Linke aber legte er Manasse auf den Kopf, wobei er seine Hände überkreuzte, obwohl Manasse der Erstgeborene war. [...] Josef sagte zu seinem Vater: Nicht so, mein Vater! Denn Manasse ist der Erstgeborene; leg deine Rechte ihm auf den Kopf! Aber sein Vater weigerte sich und sagte: Ich weiß, mein Sohn, ich weiß, auch er wird zu einem Volk, auch er wird groß sein; aber sein jüngerer Bruder wird größer als er und seine Nachkommen werden zu einer Fülle von Völkern.
Das Buch Genesis Kapitel 48, Verse 14-19

Unsere biblische Erzählung versetzt uns an das Ende eines reichen Lebens – eines großen und erlebnisreichen Lebens des dritten Stammvaters des jüdischen Volkes – Jakob – Israel genannt. Viele herausfordernde und anstrengende Erfahrungen hat dieser dritte Stammvater in seinem Leben durchlaufen müssen, um sich als dritter Repräsentant in der Führung des werdenden jüdischen Volkes vor seinem großen Familienclan zu behaupten. Sein Partner-Gott, der Schöpfer von Himmel und Erde, hat ihm viele dramatische Höhen und Tiefen zugemutet, während welcher er sich mit der Kraft seines neuen monotheistisch-jüdischen Glaubens bewähren konnte. Nicht immer, so berichtet uns die Bibel sehr anschaulich, handelte Jakob zur vollen Zufriedenheit seines ihn herausfordernden Gottes und seiner großen Familie. Aber gewiss ist, dass er in jenen Bedrängnissen und schweren Schicksalsschlägen, die er mit zu verantworten hatte, stets zur Selbstkritik und Selbstverbesserung gewillt und bereit war. Die Schule des Lebens, in die ihn Gott von früher Jugend an im Lande Kanaan als auch über dessen Grenzen hinaus stieß, lehrte ihn, dass nicht der äußere Schein des Lebens ausschlaggebend sein sollte für weise und wegweisende Entscheidungen in den verschiedenen Situationen seines Lebens, sondern einzig die tiefe innere Einsicht in die geheimnisvollen Pläne und Führungen

seines Gottes. Durch zu große Naivität ließ sich der dritte Stammvater von der trügerischen Fassade akuter Konfliktsituationen zu übereilten Handlungen ohne Rückbesinnung hineinpressen. In solchen Situationen fehlte dem Stammvater die nüchterne kritische Distanz zu äußeren Regeln, äußeren Konventionen und theatralischen Manipulationen im Verhalten seiner Mitmenschen. Jakob ist die einzige biblische Gestalt, von der uns im ersten Buch der Bibel berichtet wird, dass sie in einen einzigartigen körperlich-geistigen Kampf in der Mitte der Nacht mit einem Vertreter Gottes hineingezogen wurde. Ein Kampf, in dessen Verlauf der werdende Stammvater Jakob (= der Zurückhaltende) sich aus seiner alten ängstlichen und regelkonformen Mentalität emanzipiert, um sich seine neue Identität Israel (= Kämpfer Gottes) zu erringen. Im vorliegenden Text entscheidet sich der große Mann Israel demonstrativ, die klassische Stammesregel zu durchbrechen, derzufolge der älteste Sohn den Primärsegen und der zweitälteste Sohn den Sekundärsegen bekommen müsse. Der weise gealterte Israel entscheidet sich, seiner inneren Stimme zu gehorchen und entgegen der formalen Konvention zu handeln.
Er schaut in die Tiefe und Weite der Seelen seiner Kinder und Kindeskinder und vertauscht willentlich und wissentlich deren überlieferte Reihenfolge. Er ist bereit, bei seinem erstaunten Sohn Josef und

dessen Geschwistern wegen seines fremden Verhaltens Anstoß zu erregen, weil er gelernt hat, in entscheidenden Momenten des Lebens nicht „brav“ den vordergründigen Erwartungen seiner Mitmenschen zu genügen, sondern seiner tiefen inneren Überzeugung gemäß zu entscheiden und zu handeln. Der angepasste und bequeme Jakob verwandelt sich zum aufbegehrenden und unbequemen Vater Israel und wird somit zu einem Vorbild für Autorität und Autonomie.
Die Einhaltung von Regeln und Konventionen im täglichen Leben war zu biblischen Zeiten im Orient ebenso wichtig wie heute in unserem modernen und schnelllebigen Okzident. Ihre mutige und klarsichtige Durchbrechung mit dem Ziel, höhere Entwicklungsstufen zu erreichen, muss jedoch mindestens genauso wichtig bleiben – damals wie heute.

Besser im Frieden getrennt als im Unfrieden zusammen

So entstand Streit zwischen den Hirten der Herde Abrams und den Hirten der Herde Lots;

auch siedelten damals noch die Kanaaniter und die Perisiter im Land. Da sagte Abram zu Lot: Zwischen mir und dir, zwischen meinen und deinen Hirten soll es keinen Streit geben; wir sind doch Brüder. Liegt nicht das ganze Land vor dir? Trenn dich also von mir! Wenn du nach links willst, gehe ich nach rechts; wenn du nach rechts willst, gehe ich nach links.
Das Buch Genesis Kapitel 13, Verse 7-9

Schon zu biblischen Zeiten gab es reichlich Streit zwischen den umherziehenden hebräischen Hirten – sowohl mit ihren glaubensgleichen Stammesangehörigen als auch mit heidnischen Nachbarn. Der offene Konflikt zwischen Vater Abraham, damals noch Abram genannt vor seiner Umbenennung durch Gott in Abraham, und seinem ihm sehr nahestehenden Neffen Lot ist der erste Streitfall in der Heiligen Schrift. Beide Männer sind vermögend – so vermögend an Schafen und Ziegen, dass sie es nicht „vermögen", das von Gott zugeteilte neue Land in Kanaan friedlich und gut nachbarschaftlich zu besiedeln.
Vater Abraham erkennt den Ernst der unversöhnlichen Lage zwischen ihm und seinem wesentlich jüngeren Verwandten. Unter Überwindung schmerzhafter innerer Loslösungsgefühle beschließt er die Radikallösung. Anstatt unbefrie-

digende Scheinkompromisse mit Lot zu erzwingen, bietet er ihm eine saubere Trennung unter Einbeziehung ihrer jeweiligen großen Herden an. Eine Trennung ohne gegenseitige Beschimpfung, Beschämung oder Beschönigung der eingetretenen Unmöglichkeit einer friedlichen Koexistenz. Wie weise der große Stammvater auf den belastenden Konflikt reagiert – frei von unnötigen Schuldzuweisungen und emotionalen Ausbrüchen. Beide Streitparteien trennen sich unter Wahrung ihres besonders im Orient wichtigen Gesichts: Keiner ist überlegen – keiner ist unterlegen.
Wie wichtig eine freundschaftliche Trennung im Dienste des Erhalts einer potenziellen späteren Fortführung der Freundschaft ist, zeigt uns diese abrahamische Konfliktlösung, bei welcher eine klare, die Würde wahrende Trennung mehr Entwicklungspotenzial für beide Konfliktparteien enthält als jeder verbissene Versuch des unfruchtbaren Zusammenbleibens. Abraham präsentiert die „Scheidung" zwischen ihm und seinem Neffen in der Haltung der Größe und Souveränität. Da das gottzugewiesene Land Kanaan ausreichend Weideland bietet, lädt er seinen wesentlich jüngeren und unerfahreneren Verwandten ein, selbst zu wählen, welches neue Territorium er präferiert. Eine ehrliche, von Herzen kommende Ent-scheidung kann, wie uns die bewegende biblische Erzählung zeigt,

voller gegenseitiger Achtung und Ehrung der je unterschiedlichen persönlichen Weltbilder und Maximen geschehen.
Die Aussicht auf eine neue, in der Zukunft liegende Wiederannäherung ist weder behindert noch beschädigt. Beide Parteien trennen sich erhobenen Hauptes in beidseitiger Übereinstimmung und überlassen es höheren Führungen und Fügungen, ob eine gereifte und versöhnliche Neubegegnung zu einem unbekannten Zeitpunkt sich ereignen darf.

Die Grenzen des engen Verstandes sprengen

Nach diesen Ereignissen stellte Gott Abraham auf die Probe. Er sprach zu ihm: Abraham! Er sagte: Hier bin ich. Er sprach: Nimm deinen Sohn, deinen einzigen, den du liebst, Isaak, geh in das Land Morija und bring ihn dort auf einem der Berge, den ich dir nenne, als Brandopfer dar. Frühmorgens stand Abraham auf, sattelte seinen Esel, nahm [...] seinen Sohn Isaak, spaltete Holz zum Brandopfer und machte sich auf den Weg zu dem Ort, den ihm Gott genannt hatte.
Das Buch Genesis Kapitel 22, Verse 1-3

Wie kann Gott von Abraham verlangen, seinen einzigen geliebten Sohn zu opfern? Wie kann Gott dermaßen grausam sein, einem sterblichen Menschen gegenüber? Braucht der barmherzige Gott qualvolle Menschenopfer? Typische Fragen, die seit Jahrhunderten Christen bei der Lesung des vorliegenden Textes aus dem ersten Buch der Bibel stellen. Ein bibelkundiger Jude tut sich bei der Lesung des Textes viel leichter, da er den Gesamtkontext im hebräischen Original liest und die Feinheiten dieser Sprache ihm große Klarheit geben. Unser Text will keinesfalls einen grausamen, unbarmherzigen Gott präsentieren, der nach Menschenopfern giert, sondern ganz im Gegenteil einen Gott der tiefen Menschenkenntnis. Einen Gott, der weiß, was er wem wann wie zumuten kann – zu biblischen Zeiten wie auch heute. Zwischen Gott dem Vater und seinem Partner Abraham ist in den vielen Jahren seit dessen Ankunft im gelobten Land Kanaan eine intensive beispiellose Vertrauensbeziehung gewachsen. Eine fundierte Vertrauensbeziehung, in der es zahlreiche Höhen und Tiefen, Krisen und Herausforderungen seitens Abraham zu bestehen galt. Jede gemeisterte Herausforderung, jede überwundene Krise gereichte dem ersten Stammvater des jüdischen Volkes zu einer Mehrung seines Glaubens und Vertrauens in den einen wahren Gott der Schöpfung. In der Spätphase seines irdischen Lebens fordert Gott Abraham auf, seinen geliebten in hohem Alter geborenen Sohn Isaak auf einem der Berge Jerusalems als besondere Gabe darzubringen. Obwohl das hebräische Original den Begriff „Brandopfer“ für Abrahams geforderte Darbringung benutzt, der später für den Opferkult im Tempel Verwendung findet, zeigt uns Abrahams eiserne Entschlossenheit, Gottes Willen umzusetzen, dass dieser von einer tiefen Gewissheit getragen wird, die geforderte Handlung nicht blutig abzuschließen. Abraham wird uns in der langen Geschichte seiner biblisch dokumentierten Beziehung zu Gott zu keinem Zeitpunkt als schüchterner, dialoggehemmter, blinder Befehlsempfänger porträtiert. Er kann, wenn er will, sehr wohl Gott Paroli bieten. In unserer Erzählung erübrigt sich jeder Protest. Abraham ahnt, mehr noch, er erkennt hinter dem formalen Wortlaut Gottes die tiefe Herausforderung, in seinem Vertrauen ihm, dem allwissenden Schöpfer, gegenüber ein letztes Mal sprunghaft zu wachsen. Zu gefestigt und bewährt ist die liebegetragene Vertrauensbeziehung zu diesem seinem Gott, der ihm so viel Gnade und Güte erwiesen hat, dass er gegen Ende seines Lebens in plötzliches Misstrauen verfallen könnte. Der hebräischkundige Leser liest gleich zu Anfang der Begebenheit hinter dem Begriff „auf die Probe stellen“ den zutreffenderen Wortlaut „in den Stand versetzen, seine menschliche Größe zu zeigen". So verstand der Stammvater den Auftrag, denn er sprach mit seinem Gott in der heiligen hebräischen Sprache. Durchdrungen von dem leidenschaftlichen Wunsch, über seinen eigenen Angstschatten zu springen, bereitet sich der Berufene auf die große Handlung am genannten Berge vor. Während seines dreitägigen Ganges zum „Berg der Darbringung" plagten ihn mit Sicherheit typisch menschliche kopfgesteuerte Zweifel und Ängste. Der Vater vieler Völker vermochte jedoch mit Hilfe seiner immens stabilen inneren Herzensklarheit, diese zu entmachten und zu zerstreuen. Abraham zeigt im Laufe seiner gewachsenen Beziehung mit Gott einmal mehr, von welch zentraler Bedeutung es ist, nicht kopflastigen, angsterzeugenden Zweifeln und Vorwürfen zu gehorchen, sondern der „inneren Burg" (Teresa von Ávila) der Gewissheit und Geborgenheit in Gott – dem allwissenden und allgegenwärtigen Gott – zu vertrauen. Abrahams Sieg bestand darin, nicht seinen Zweifeln und Vorwürfen sich selbst und Gott gegenüber zu gehorchen, sondern seinen inneren Feind besiegt zu haben. Um nichts anderes ging es Gott bei der Probe, auf die er ihn stellte. Nicht vergängliche trügerische Gefühle und negative Gedanken dürfen unser Verhalten Gott und den Mitmenschen gegenüber steuern, sondern die innere Burg, die Herzmitte, der unsichtbare verborgene Kern unseres Menschseins müssen die Oberhand bekommen. Blaise Pascal, der große französische Naturwissenschaftler und Theologe des siebzehnten Jahrhunderts, der sich wie Abraham ein Leben lang zu unerschütterlichem Gottvertrauen hindurchringen musste, konnte seinen Sieg meisterhaft für die Nachwelt formulieren: „Le coeur a ses raisons que la Raison ne connaît point" (Das Herz kennt Beweggründe, die dem Verstand unbekannt sind). Mögen uns solche Meister der Glaubensproben inspirieren und stets als Vorbild dienen.

Radikales Loslassen

Rachel und Lea antworteten und sagten ihm: Haben wir noch Anteil oder Erbe im Haus unseres Vaters? Gelten wir ihm nicht wie Fremde? Er hat uns ja verkauft und sogar unser Geld restlos aufgezehrt. Ja, der ganze Reichtum, den Gott unserem Vater entrissen hat – uns gehört er und unseren Söhnen. Jetzt tu alles, was Gott dir gesagt hat.

Das Buch Genesis Kapitel 31, Verse 14-16

Welch ergreifende Klarheit und Entschiedenheit strahlen die beiden Ehefrauen des dritten Stammvaters des jüdischen Volkes Jakob aus!
Mit dem Brustton der Kompromisslosigkeit und Beendigungsbereitschaft verkünden die beiden gereiften Frauen ihrem Ehemann Jakob ihre Entschlossenheit, mit ihrer heidnischen Vergangenheit radikal zu brechen und gemeinsam mit ihm in das verheißene Land Kanaan auszuziehen. Eine kurze, aber dramatische Szene entfaltet sich vor den Augen des Lesers: Zwei heidnisch aufgewachsene und von ihrem Vater zutiefst heidnisch geprägte Frauen sind nicht mehr willens, die unmenschlich-lieblose Umwelt ihres Vaters stillschweigend und kommentarlos zu ertragen. Nach leidvollen Jahren des geduldigen Ertragens der empörenden sozialen Missstände im Hause ihres Vaters sind Rachel und Lea an einen drastischen inneren Scheideweg gelangt, der sie beide zu einer rigorosen und unumkehrbaren Entscheidung auffordert. Beseelt von dem brennenden Wunsch, den zu lang getragenen Schleier der Illusion über die Beziehung ihres Vaters zu ihnen wegzureißen, bricht aus ihnen sturzbachartig der unterdrückte Zorn über das skandalöse Fehlverhalten ihres Vaters durch. Zu lange haben sie die väterliche Lieblosigkeit und arglistige Täuschungsfähigkeit aus falsch verstandener Rücksichtnahme ihrem Vater gegenüber

erduldet. Jetzt ist der Augenblick der Endabrechnung gekommen. In drei rhetorisch meisterhaften Sätzen schreien die beiden kampfbereiten Frauen den Abschluss ihrer alten heidnischen Mentalität und Identität heraus. Sie proklamieren ihre bedingungslose Zuwendung zum neuen hebräischen Lebensweg ihres gottberufenen Ehegatten Jakob. Wie viel Verbitterung, Enttäuschung und unterdrückte Empörung müssen die beiden mutigen Frauen während der zwanzig Jahre ihres Zusammenlebens mit ihrem neuen hebräisch-jüdischen Ehemann Jakob erlitten haben, bevor der befreiende und erlösende Augenblick eintreten durfte, das Alte loszulassen und sich auf das Neue einzulassen. Mit der Beendigung ihres alten, götzenkultgeprägten Lebens geht eine strahlende und beglückende Hinwendung zum neuen Gott der Schöpfung einher – eine Hinwendung zum wahren Gott, den sie durch ihren Hebräer-Ehemann Jakob während zwei Jahrzehnten kennenlernen und leibhaftig erleben durften. Vater Jakob, der nach seiner persönlichen göttlichen Aufforderung, die Fremde zu verlassen und in die kanaanäische Heimat zurückzukehren, seine beiden Ehefrauen nach ihrer persönlichen Bereitschaft befragt, wird von diesen unerwarteterweise spürbar bedrängt, dem Ruf des wahren und einzigen Gottes zu folgen und jeden Skrupel und Zweifel hinter sich zu lassen.

Der Text beleuchtet zwei entschiedene weibliche Gestalten, die mit ihrer gereiften Entschlusskraft ihren geliebten Mann anzuspornen und anzutreiben vermögen, seinem neuen Gottesweg an ihrer Seite und an der Seite der gemeinsam Kinder zu vertrauen und zu folgen. Wenn entschlussfeste Frauen in der Bibel spüren, dass der Zeitpunkt des Abschieds und zugleich des Neubeginns gekommen ist, kennen sie keine Kompromisse. Sie entfalten ganz im Gegenteil eine unerhörte Seelenkraft, ihre aufbruchbereiten männlichen Weggefährten mit ihrem Wagemut, mit ihrer Erneuerungswilligkeit anzustecken und anzufeuern. Die Bibel von Juden und Christen ist entgegen ihrem Ruf ein ausgesprochen frauenfreundliches Werk: eine aus heiligen Quellen entspringende Dokumentation fraulicher Intuition, Inspiration und Investition in die Fülle der materiellen wie spirituellen Beziehung zu ihren Ehepartnern und dem gemeinsamen Nachwuchs.

Naive Leichtgläubigkeit

Da nahmen sie Josefs Gewand, schlachteten einen Ziegenbock und tauchten das Gewand in das Blut. Dann schickten sie den bunten Rock zu ihrem Vater und ließen ihm sagen: Das

haben wir gefunden. Sieh doch genau nach, ob das der Rock deines Sohnes ist oder nicht! Als er ihn genau angesehen hatte, sagte er: Der Rock meines Sohnes! Ein wildes Tier hat ihn gefressen, [...] zerfetzt. Jakob zerriss seine Kleider, legte ein Trauergewand an und trauerte um seinen Sohn viele Tage. [...] Er sagte: Ich werde voller Trauer zu meinem Sohn in die Unterwelt hinabsteigen.
Das Buch Genesis Kapitel 37, Verse 31-35

Es gibt einen dramatischen Unterschied zwischen gottvertrauender Glaubenskraft und naiver, unreifer Leichtgläubigkeit. Gottvertrauende Glaubenskraft entspringt einer tiefen, gereiften Beziehung zum Schöpfer, der in der eigenen Seele eine ungeahnte verlässliche Gewissheit freisetzt. Naive Leichtgläubigkeit hingegen entspringt undurchdachten Wunschvorstellungen und nicht ausreichend reflektierten impulsiven inneren Bildern von Realität. Als die Söhne des Vaters Jakob diesen überraschend mit dem angeblichen Tierzerfetzungstod des geliebten Sohnes Josef konfrontieren, indem sie ihm das fingierte, blutgetränkte Gewand des Bruders präsentieren, stellt der allzu leichtgläubige Vater nicht die geringsten Zweifel an der Echtheit des von seinen Söhnen präsentierten Beweismittels. Wie konnte der dritte Stammvater des werdenden jüdi-

schen Volkes sich dermaßen leichtfertig von seinen Söhnen in die Fiktion des tiergetöteten Bruders hineintäuschen lassen? War er nicht selbst Augen- und Ohrenzeuge der unentwegten familiären Spannungen zwischen den elf Geschwistern und ihrem zweitjüngsten Bruder, Zeuge des offenkundigen Hasses, Neides und der Missgunst wegen der väterlichen Bevorzugung Josefs?
War er, Jakob, nicht der Urheber der dauerhaften Spannung in der eigenen Großfamilie aufgrund seines Geschenks des außergewöhnlichen Gewandes an den übertrieben geliebten und verwöhnten Sohn Josef? Warum hegt dieser altersweise Mann nicht den geringsten Verdacht am trügerischen Verhalten seiner Söhne? Das spannendste Buch auf Erden konfrontiert uns schonungslos mit grundlegenden menschlichen Schwächen und Stärken, so wie sie sich in der Realität seit alters her präsentierten und immer wieder aufs Neue präsentieren. Durch Jakobs übertriebene Ausrichtung auf seine brennende Liebe seinem zweitjüngsten Sohn gegenüber, mit dessen Entwicklung und Berufung er sich so sehr identifiziert, verliert Jakob den objektiven Blick für das Gesamtgeschehen zwischen den rivalisierenden Brüdern und ihrem jüngeren Bruder Josef. Wiewohl uns die Heilige Schrift in vielen Episoden seit der Jugend Jakobs diesen werdenden Stammvater als entschieden,

kämpferisch, einsatzbereit und realitätsverbunden beschreibt, zeigt sie uns in einer der späten Szenen in Jakobs Leben einen unsicheren, einsatzschwachen und initiativlosen Familienvater. Hat Vater Jakob zeit seines Lebens die Beziehung mit seinem ihn begleitenden und behütenden Gott lebhaft und Erfolg bringend gepflegt, hat er sich in den vielen schwierigen und herausfordernden Situationen seines Lebens von Gott inspirieren lassen die richtige und richtungsweisende Entscheidung zu treffen, so verfällt er in dieser späten Phase seines Lebens in eine augenfällige Lethargie und Apathie. Zu sehr haben ihn die Gefühle zum so sehr ersehnten Sohn seiner verstorbenen Frau Rachel in Beschlag genommen, dass er die nüchterne kritische Distanz zum Geschehen in seiner Familie und zu den sich aufbauenden Intrigen um diesen verwöhnten Sohn verloren hat. Er ist blind geworden für jede objektive Einschätzung der eingetretenen Fakten. Wie sehr hätte Vater Jakob eine Kontaktaufnahme mit seinem ihn stets inspirierenden und anleitendem Gott gutgetan, wie sehr hätte ihn eine rechtzeitige offene und väterlich autoritative Kommunikation mit den rivalisierenden Geschwistern aus der verfahrenen Situation erlösen können. Jakob verfällt in eine bedenkenlose, schädliche Blindgläubigkeit, weil er seine starke Glaubensbeziehung der vergangenen Jahre – gewonnen

aus seinen reichen Lebenserfahrungen – vernachlässigt. Der alternde Jakob lässt sich vom Sog mächtiger subjektiver Gefühle vereinnahmen und mitreißen, statt diese einer kritischen Prüfung durch seinen bewährten Glauben an den gütigen „Hirte-Gott“ zu unterziehen.
Der bewährte Glaube an den mich führenden Gott darf zu keinem Augenblick bagatellisiert oder banalisiert werden. Er bedarf der kontinuierlichen Kultivierung, um in jeder erdenklichen Lebenssituation den im Glauben gefestigten Menschen zu aufmerksamem und kritischem Urteil und Handeln zu veranlassen. *Der Herr ist mein Hirt, nichts wird mir fehlen* (Psalm 23, Vers 1). Er ist mein Hirte – ich bin es nicht und ich muss es nicht sein.

Die Entscheidung zum eigenen Unglück

Nach dem Tod Ahabs fiel Moab von Israel ab. Ahasja war in Samaria durch das Gitter seines Obergemachs gefallen und hatte sich verletzt. Er sandte Boten ab mit dem Auftrag: Geht, befragt Beelzebul, den Gott von Ekron, ob ich von diesem Leiden genesen werde! Doch der Engel

des HERRN sprach zu Elija aus Tischbe: Mach dich auf, geh den Boten des Königs von Samaria entgegen und sag zu ihnen: Gibt es denn keinen Gott in Israel, sodass ihr fortgehen müsst, um Beelzebul, den Gott von Ekron, zu befragen? Darum: So spricht der HERR: Vom Lager, auf das du dich gelegt hast, wirst du nicht mehr aufstehen; denn du musst sterben.
Das 2. Buch der Könige Kapitel 1, Verse 1-4

Wie viele Menschen unternehmen alles nur Erdenkliche, um eine Unterdrückung, Linderung oder gar vollständige Beseitigung unangenehmer Erfahrungen in ihrem Leben schnellstmöglich herbeizuführen. Um im Krankheitsfall symptomfrei und bei schmerzhaften Lebensbedingungen frei von Druck und Angst zu werden, greifen sie zu den fantasievollsten und verrücktesten Vorhaben, von denen sie sich die ersehnte Hilfe versprechen. So auch der israelitische König des Nordreichs Samarien, König Ahasja, den unerwartet infolge eines schweren Sturzes ein lebensgefährliches Leiden befällt, das ihn sowohl körperlich als auch geistig-seelisch lähmt. In seiner Orientierungslosigkeit und Verwegenheit will er den Rat heidnischer Götter, mit denen er eroberungsstrategisch oft kollaborierte, unbedingt einholen. Das ist ein Skandal seitens eines jüdischen Mannes und Herrschers im

Namen des allgegenwärtigen Gottes Israels. Der Gott Israels entsendet ungebeten, aber kraftvoll intervenierend seinen feurigen Gesandten Elija, um dem verwirrten und verirrten König deutlich die Leviten zu lesen. Wie kann der Repräsentant des jüdischen Königtums sich eine solche Maßlosigkeit und Blasphemie erlauben und in der Gegenwart des lebendigen, ihm Autorität verleihenden Gottes der Väter und Mütter einen heidnischen irrealen und dem Feindeslager dienenden Götzen ehrerbietig anrufen? Der Gott Israels ist für ihn – den regierenden König – über seine getreuen Hofpropheten jederzeit Rat gebend erreichbar! Einmal seinem Wahn verfallen, fremde okkulte Kräfte zu befragen, kommt der sündige Monarch aus seinem unwürdigen diabolischen Denken und Handeln nicht mehr heraus. Die rettende Hilfe, die erneuernde Heilung liegt in greifbarer – göttlich greifbarer und begreifbarer Nähe – doch der von Gott und dessen rettenden Ressourcen abgefallene König will nicht die naheliegende wahre Hilfe und Heilung ergreifen. Er ver-greift sich erneut im Dickicht seiner ihn nunmehr endgültig verschlingenden negativen Handlungen. Die Heilige Schrift lehrt uns einmal mehr, in der Tiefe zu begreifen, dass nur der hingebungsvolle Zugriff zum wahren Gott, dem Spender des Lebens, unser Leben erneuern und heilen kann – nicht der Fehlgriff zu

Magie und Okkultismus. Die richtige Entscheidung, die richtunggebende Wahl liegt bei jedem Einzelnen von uns, einerlei, ob ranghoher König oder verarmter Knecht.

2

Das Leben ist wundervoll – voll Wunder

Hinschauen statt wegschauen

Gott hörte den Knaben schreien; da rief der Engel Gottes vom Himmel her Hagar zu und sprach: Was hast du, Hagar? Fürchte dich nicht, denn Gott hat die Stimme des Knaben gehört, dort, wo er liegt. Steh auf, nimm den Knaben hoch und halt ihn fest an deiner Hand; denn zu einem großen Volk will ich ihn machen. Gott öffnete ihr die Augen und sie erblickte einen Brunnen. Sie ging hin, füllte den Schlauch mit Wasser und gab dem Knaben zu trinken.
Das Buch Genesis Kapitel 21, Verse 17-19

Eine kurze, aber ergreifende Geschichte im Leben der heidnischen Magd Hagar im Hause des Stammvaters Abraham. Hagar wird auf Drängen der Stammmutter Sara von Abraham aus dem gemeinsamen Stammeszelt in die Wüste vertrieben. Es gibt große familiäre Spannungen zwischen ihr, ihrem Sohn Ismael und dem Sohn Abrahams mit Sara, Isaak.
In ihrer Panik und Orientierungslosigkeit rennt Hagar kopflos durch die Wüste, nachdem der mitgenommene Wasserbehälter für Mutter und Sohn erschöpft ist. Hagar schleudert ihren entkräfteten

Sohn Ismael in die Büsche, weil sie, wie uns der Text wörtlich erzählt, nicht den Durstod des Jungen mitansehen möchte. Just in diesem kritischen Moment begegnet ihr ein Engel und versichert ihr das Überleben des Knaben. Der Engel spendet ihr außergewöhnlich geduldige und ermutigende Worte. Er erinnert sie behutsam und beruhigend an das in einer vorangegangenen ähnlichen Wüstenerfahrung gemachte Versprechen, einen Sohn zu gebären, der Stammvater eines großen Wüstenvolks werden wird. Zugleich öffnet ihr der rettende Engel die „verschlossenen" Augen, um einen schon seit Langem präsenten Brunnen mitten in der Wüste zu erblicken, zu sehen, wahrzunehmen und dort hinzueilen, um den Wasserbehälter mit dem lebensrettenden Nass zu füllen.

Hagars Not bestand nicht darin, in der heißen Wüste weit und breit keine rettende Flüssigkeit zu finden, sondern in ihrer Kopflosigkeit und Zerstreutheit den klaren Blick für die sie umgebende Wirklichkeit völlig verloren zu haben. Bei kühlem Kopf und klarem Blick hätte sie als geübte Wüstenbewohnerin unschwer den rettenden Brunnen sehen, wahrnehmen können!

Zudem hätte sie sich nur an die vom damaligen Engel gegebene Verheißung während der damaligen Wüstenbegegnung erinnern müssen: eine gewaltige und bindende Zusage für das Wachstum

und das Blühen ihres damals just empfangenen Sohnes Ismael. In ihrer blinden Panik verliert die Magd Hagar jedwede Klarheit und Besonnenheit. Der Engel will Hagar und uns bedeuten, dass jede noch so brisante und gefährliche Situation im Leben bei geöffneten Augen und in Verbindung mit lösungsorientiertem Bewusstsein der helfenden Nähe Gottes sich in Rettung und Befreiung verwandeln kann.
Wie sagte Goethe so unsterblich zutreffend: „Willst du immer weiter schweifen, sieh, das Gute (die helfenden Werkzeuge) liegt so nah, lerne nur das Glück (die Lösung, die Rettung) ergreifen, denn das Glück ist immer da."

Das Böse ist die Abwesenheit des Guten

Ihr habt Böses gegen mich im Sinne gehabt, Gott aber hatte dabei Gutes im Sinn, um zu erreichen, was heute geschieht: viel Volk am Leben zu erhalten. Nun also fürchtet euch nicht! Ich selbst will für euch und eure Kinder sorgen. So tröstete er sie und redete ihnen zu Herzen.
Das Buch Genesis Kapitel 50, Verse 20-21

Bewundernswert, wie offen die Heilige Schrift über menschlichen Hass und primitive menschliche Bosheit spricht! Das Phänomen des Bösen bekommt in unzähligen biblischen Erzählungen gebührend Raum, um sich mit seinen vielgestaltigen hässlichen Fratzen zeigen zu dürfen. Seit der tragischen Ur-Entscheidung unserer Ahnen Adam und Eva im Paradies besitzt jeder Mensch die Fähigkeit, sich jederzeit und an jedem Ort unter allen nur erdenklichen Umständen für die Kraft des Bösen oder die Kraft des Guten zu entscheiden. Die Brüder Josefs im ersten Buch der Bibel entschieden sich, getrieben von Hass, Neid und Missgunst, zu sadistischer Unmenschlichkeit ihrem zweitjüngsten Bruder gegenüber. Sie scheuten sich nicht einmal vor Mord, sondern trachteten ausgeklügelt danach, den Bruder bedingungslos zu beseitigen.
Entgegen ihrem entsetzlichen Sadismus bewirkte Gott, der Schöpfer des Lebens, dass jeder ihrer boshaften Schritte in die unbeabsichtigte gegenläufige Richtung führte. Je mehr die gehässigen Brüder auf das Böse zusteuerten, desto mehr trugen sie ungewollt dazu bei, das Gute, welches Gott mit seinem erwählten Gesandten Josef im Sinne hatte, zur Geltung und zum Glanz zu bringen.
Während der hochdramatischen Versöhnungsbegegnung zwischen Josef, dem Vizekönig des Weltreichs Ägypten, und seinen nunmehr vor Ver-

geltungsangst zitternden Brüdern zeigt sich der einstmals verfolgte kleine Bruder Josef unerwartet menschlich. Voller Weitsicht und Weisheit spricht er aus, Gott, der oberste Lenker aller Geschehnisse, habe die böse Absicht seiner Bruder in eine Wohltat, in einen unerwartet guten Ausgang verwandelt, um dadurch ein tieferes Schöpfungsziel zum Wohle vieler beteiligter Menschen zu erreichen.

Welch erhabene Klarheit und Klugheit lässt die Bibel diesen jungen Juden seinen vormals hasserfüllten Geschwistern gegenüber, frei von allen Rachegelüsten, aussprechen! Er – der einstmalig Geschändete und Erniedrigte – wird zum gegenwärtigen Tröster und Verbündeten der ehemaligen Hasser. Er zeigt ihnen seine leuchtende menschliche Größe, die im Laufe der vielen Jahre aus der erfahrenen grenzenlosen Unmenschlichkeit seiner Brüder in ihm herangereift ist.

Diese biblische Geschichte lehrt den ergriffenen Leser unumgänglich, dass das Böse sein hässliches Gesicht eine traurige und schlimme Zeit lang zeigen mag, auf lange Sicht jedoch wird es seinen Untergang zugunsten des Sieges des Guten erleben. Wenn wir beseelt sind von der inwendigen göttlichen Macht des Guten, wenn wir zutiefst erkennen, dass die gesamte Schöpfung im Dienste des Guten von Gott erschaffen worden ist, wird der verführerische und verblendete Drang zum Bösen und Zerstörerischen immer bedeutungsloser werden. Das Böse, lehrt das Judentum, steht immer im Dienste des Guten. Es ist keine eigene Kraft, sondern lediglich die Abwesenheit des Guten – gleich der Nacht und Dunkelheit, die die Abwesenheit des Lichts und des Tages offenlegt. Unser Text fordert auf, dem Bösen durch Gedanken und Gefühle keine ungebührende Macht zuzuordnen, sondern daran mitzuwirken, das dahinter liegende verborgene Gute herbeizudenken und herbeizuhandeln.

Unerschöpfliche Kraft

Weißt du es nicht, hörst du es nicht? Der HERR ist ein ewiger Gott, der die Enden der Erde erschuf. Er wird nicht müde und matt, unergründlich ist seine Einsicht. Er gibt dem Müden Kraft, dem Kraftlosen verleiht er große Stärke. Die Jungen werden müde und matt, junge Männer stolpern und stürzen. Die aber auf den HERRN hoffen, empfangen neue Kraft, wie Adlern wachsen ihnen Flügel. Sie laufen und werden nicht müde, sie gehen und werden nicht matt.

Das Buch Jesaja Kapitel 40, Verse 28-31

Einer der großen Trost- und Verheißungssätze der ewig gültigen und lehrreichen Heiligen Schrift öffnet sich im 40. Kapitel des großen Propheten Jesaja im Ersten Testament. Der Prophet lebte in einer sehr turbulenten Zeit im achten Jahrhundert vor unserer Zeitrechnung im damaligen Südreich des gespaltenen israelitischen Gesamtreiches. In einer Zeit trostloser Moralverirrung und skandalöser sozialer Ungerechtigkeit predigt Jesaja unermüdlich die Rückkehr und Umkehr zur Weisheit und Fürsorge des einen liebenden Gottes. Der liebende Gott und himmlische Vater wartet brennend darauf, sein geliebtes jüdisches Volk wie zur Zeit der legendären Stammväter und Stammmütter unter seine behütende Fittiche zurückzunehmen und mit ihm unter seiner wohlwollenden göttlichen Leitung wie einstmals Geschichte zu schreiben. Jesaja benutzt seine facettenreiche Rhetorik und theologische Expertise, um das verirrte und verwirrte jüdische Volk von innen heraus zu erneuern, indem er ihnen Erlösung und Stabilität aus Gottes unendlicher Kraft und Liebe zusichert. Der hochmotivierte Prophet, der uns in seinem gleichnamigen biblischen Werk gigantische Mahn- und Trostpredigten hinterlassen hat, ist so überzeugt und durchdrungen von Gottes grenzenloser Güte und Gnade, dass er nicht anders kann, als mit ergreifenden und anschaulichen Worten seine unumstößliche Gewissheit in die verhärteten Herzen seiner geliebten Landsleute hineinzupredigen und zu -brennen. Diese fürsorgliche Leidenschaft für die Leidenden, diese drängende und eindringliche Hingabe eines Gesandten Gottes an die Ermutigung und Erneuerung seiner verlorenen Zeitgenossen ist ein überwältigendes zeitloses Zeugnis menschlicher Egoüberwindung und Zuwendung zum Nächsten, der meiner so sehr bedarf.

Die zitierten mächtigen Sätze des Propheten kontrastieren menschliche Begrenztheit und Erschöpflichkeit mit göttlicher Unerschöpflichkeit und nie versiegender Erneuerungskraft. Der Mensch in seiner Überheblichkeit und Egozentriertheit verfällt schnell in Fantasien von Größenwahn, Maßlosigkeit und Grenzüberschreitung. Spätestens wenn ihn die berüchtigten harten Schicksalsschläge ereilen oder ihn schwere ungeplante Erschöpfungszustände erlahmen lassen, spürt er seine irdischen Schranken und seine unentrinnbare Begrenztheit als sterbliches Wesen. Genau in diese bittere menschliche Verfassung hinein spricht der weise, zutiefst gottzugewandte Prophet Jesaja. Gott, der grenzenlose Schöpfer, hat unendliche Kraft-, Freude- und Hoffnungsreserven, um uns zu revitalisieren, zu heilen und zu inspirieren. Voller Klarheit, Unanfechtbarkeit und Erneuerungsesprit wendet sich der unermüdliche Sprecher der Persönlichkeitsveränderung sowohl an sein Volk als auch zeitübergreifend an alle erschöpf-

ten Menschen aller Generationen. Er appelliert, Gott mehr zu vertrauen als dem eigenen sehr oft desorientierten Ego. Gott hat ein brennendes Interesse an seinen geliebten menschlichen Geschöpfen. Er lechzt danach, sie zu beleben und neu zu orientieren, wenn sie nur bereit sind, ihre eigene Ohnmacht und Hilfsbedürftigkeit einzugestehen und sich der unerschöpflichen Quelle des Lebens zuzuwenden.
Der große deutsche Dichter Joseph von Eichendorff drückte seine Erweckung und Erleuchtung durch Gott mit folgenden „prophetischen" Worten aus:

„Schläft ein Lied in allen Dingen,
Die da träumen fort und fort,
Und die Welt hebt an zu singen,
Triffst du nur das Zauberwort."

Wunder-bare Wunder

Da sprach der HERR zu Abraham: Warum lacht Sara und sagt: Sollte ich wirklich noch gebären, obwohl ich so alt bin? Ist denn beim HERRN etwas unmöglich? Nächstes Jahr um diese Zeit werde ich wieder zu dir kommen; dann wird Sara einen Sohn haben.
Das Buch Genesis Kapitel 18, Verse 13-14

Das Buch der Bücher – die Heilige Schrift – ist in der Tat ein wunderbares Buch, ein Buch voller großer und kleiner Wunder in der Geschichte der Juden, sowohl im Ersten (Alten) als auch im Zweiten (Neuen) Testament. Die Bibel zeigt uns in ihrer Fülle an vielfältigen und spannenden Erzählungen, dass das Phänomen des Wunders einen ganz „natürlichen" Bestandteil der Realitätserfahrung der Juden zu allen Epochen ihrer Beziehung zu Gott darstellte. In den schwierigsten Einzelsituationen der Hebräer und Hebräerinnen im Land Kanaan als auch in den kollektiven Erfahrungen des israelitischen Volkes auf fremdem wie auf heimischem Boden werden dem Leser außergewöhnlich Wunder berichtet. Überwältigende Erfahrungen, die für die beteiligten Menschen eine völlig „natürliche" Zugabe innerhalb ihres reichen Lebens in Gemeinschaft mit ihrem sie stets begleitenden Gott bilden. Der biblische Mensch lebt fest verankert in seiner Beziehung zu Gott, dem Schöpfer alles Lebens, der alle Erscheinungen seiner komplexen Schöpfung – sowohl die gewöhnlich-natürlichen als auch die außergewöhnlich-übernatürlichen – nach seinem göttlichen Gutdünken seinen Geschöpfen zuteilwerden lässt. Der gläubige Bibelmensch weiß in seinem Innersten, dass der Gott der Schöpfung die Gesetze der Natur geschaffen hat, an sie aber keinesfalls skla-

visch gebunden ist. Er ist ihr Urheber und Meister, kann sie aber jederzeit überwinden und außer Kraft setzen, wenn es seinem göttlichen Plan zum Wohle der betroffenen Menschen entspricht.
Alle orientalischen Akteure der Bibel haben ein unbelastetes, unverkopftes Verhältnis zur Erscheinung des Wunders. Sie erleben intuitiv durch ihre wachsende Kraft des Glaubens, dass der mächtige Schöpfergott keinerlei Einschränkungen unterliegt im Rahmen der gigantischen Steuerung des großen Naturgeschehens.
So auch in der vorliegenden Geschichte, in deren Kontext die gealterte erste Stammmutter Sara die göttliche Ankündigung bekommt, im stattlichen Alter von neunzig Jahren ihren ersten Sohn mit dem hundertjährigen Stammvater Abraham zu gebären. Nach anfänglicher völlig menschlicher Skepsis der ersten „grande dame" des jüdischen Volkes wächst Sara in ein tiefes Vertrauen in den übernatürlichen göttlichen Schwangerschafts- und Geburtsprozess ihres alten weiblichen Körpers. Der fürsorgliche und treue Beziehungsgott Saras konfrontiert diese sanft, aber direkt, mit der klassischen Formulierung, wie sie in der Bibel an so mancher Stelle vorkommt: Ist denn Gott irgendetwas unmöglich? Durch diese liebevoll-provozierende Hinterfragung ihrer bisherigen Glaubensbereitschaft fordert Gott die Stamm-

mutter auf, jede bestehende Beschränkung ihrer Glaubenskraft entschieden und vertrauensvoll zu überschreiten. Selbst dann, wenn es um den eigenen degenerierten menschlichen Körper geht, der auf wunderbare Weise regeneriert werden soll. Die Bibel vermittelt uns einen Gott der Schöpfung, der darauf beharrt, seinen Geschöpfen seine Wunder der Schöpfung zuzumuten und – damals wie heute – uns auffordert, Zweifel und selbst errichtete mentale Schranken zu durchbrechen. Auch Mutter Sara durfte in ihrem fortgeschrittenen Alter den allzeit wunderwirkenden Gott neu wahrnehmen und jenseits aller gesellschaftlichen Konventionen seine grenzüberschreitenden Wunder am eigenen Leib erleben. Mutter Sara durfte in ihrem vorgerückten Alter ein doppeltes Wunder erleben – zum einen das größte Wunder des Lebens, Schwangerschaft und Geburt eines neuen Menschen – zum anderen ihren auf wunderbare Weise wiederverjüngten, empfängnisbereiten Mutterleib. Gott lässt sich immer wieder neue Wunder einfallen, wenn wir, seine Geschöpfe, bereit sind, uns über seine Wunder zu „wundern" – Ihn und seine Wunder zu „be-wundern".

Zweckloser Widerstand

Doch Mose sagte zum HERRN: Aber bitte, Herr, ich bin keiner, der gut reden kann, weder gestern noch vorgestern, noch seitdem du mit deinem Knecht sprichst. Mein Mund und meine Zunge sind nämlich schwerfällig. Der HERR entgegnete ihm: Wer hat dem Menschen den Mund gegeben und wer macht taub oder stumm, sehend oder blind? Doch wohl ich, der HERR! Geh also! Ich bin mit deinem Mund und weise dich an, was du reden sollst.
Das Buch Exodus Kapitel 4, Verse 10-12

Die gewaltigen, von großer Herausforderung und Vertrauen zeugenden Berufungsworte Gottes an seinen ersten biblischen Propheten Mose und dessen hartnäckige mehrfache Verweigerung, die göttliche Berufung anzunehmen, sind beispiellos in der Heiligen Schrift. Es ist die erste Erzählung von der Berufung eines einfachen Schafhirten, ein epochales Werk zu leisten: die Befreiung des jüdischen Volkes aus der ägyptischen Versklavung durch mutige Intervention beim ägyptischen Diktator Pharao. Mose, der völlig unerfahrene und schüchterne Schafhirte, weigert sich während eines detailliert in zwei biblischen Kapiteln überlieferten Dialogs, den göttlichen Auftrag anzu-

nehmen unter Aufführung dickschädeliger und angstgetragener Argumente. Moses emotional belastender Hinderungsgrund ist sein körperlicher Defekt des Lispelns und Stotterns. Gottes entkräftendes Gegenargument ist dermaßen theologisch und tiefenpsychologisch bestechend, dass der verunsicherte Nomade nach einem allerletzten verzweifelten Aufbäumen sprachlos bleibt! Seinen tiefsten, wundesten „Schandfleck" konnte Mose aussprechen und von Gott unerwartet Annahme und Verständnis bekommen!
Sind nicht alle körperlich gesunden Phänomene eine große gnadenvolle Gabe Gottes? Das fragt der Schöpfer sein zweifelndes, aber unendlich geliebtes menschliches Geschöpf Mose. Sind sogenannte körperliche Defekte, Defizite, Deformationen nicht auch Bestandteil von Gottes geheimnisvollem Schöpfungswerk? Gilt es diese zu verstecken, als wären sie ein schwerwiegender Fehler Gottes in seiner gigantischen Schöpfungsordnung? Oder gilt es vielmehr, in ihnen verborgene Ressourcen der Kraft, des Mutes und des vermehrten Vertrauens zu erblicken? Gott der Schöpfer konfrontiert mit dieser elementaren Frage keineswegs nur den körperlich defekten Mann Mose, sondern jeden sogenannten behinderten Menschen – seinerzeit wie heute.
Aus Sicht der Bibel sind Behinderungen, soge-

nannte körperliche Unvollkommenheiten, unausgesprochene Aufforderungen an den betroffenen Menschen, seine spezifische körperliche Verfassung nicht fatalistisch als traurige Fügung hinzunehmen, sondern darin ein großes verborgenes Handlungspotenzial zu sehen. Biblisch gesprochen ist Moses Stottern und Lispeln nicht als Makel oder gar als körperliche Behinderung zu bezeichnen, sondern als körperliche Besonderheit. Genau diese körperliche Außergewöhnlichkeit, Andersartigkeit, Eigentümlichkeit macht den betreffenden betroffenen Menschen charakterlich außergewöhnlich, andersartig und stark. Infolge der „besonderen" körperlichen Merkmale des Sprechorgans Moses stellt ihm Gott zwei einzigartige helfende „Werkzeuge" zu Diensten: seinen älteren Bruder Aaron, der als wahrhaftiger „Fürsprecher" während der Unterredungen mit dem Pharao „für ihn sprechen wird", und Gottes mächtige Stimme, die aus Moses Mund autoritativ zu Aaron und somit indirekt zum Pharao und zum versklavten jüdischen Volk sprechen wird. In Gottes komplexer, aber ressourcenreicher Schöpfung lassen sich alle Probleme und Hindernisse in Aufgaben und Lösungen verwandeln.

Das Gebet, das Fakten schafft

Als die Wolke vom Zelt gewichen war, siehe, da war Mirjam weiß wie Schnee vor Aussatz. [...] Da sagte Aaron zu Mose: Mein Herr, ich bitte dich, lege uns die Sünde nicht zur Last, mit der wir töricht gehandelt haben und mit der wir uns versündigt haben! Mirjam soll nicht wie eine Totgeburt sein, halb verwest, wenn sie den Schoß der Mutter verlässt. Da schrie Mose zum HERRN: O Gott, heile sie doch!
Das Buch Numeri Kapitel 12, Verse 10-13

Das ist eine kurze, jedoch menschlich brisante Geschichte aus dem Leben des großen Propheten Mose und seiner älteren Geschwister Aaron und Miriam. Miriam beanstandet in einer privaten familiären Unterredung die sie provozierende schwarze Hautfarbe ihrer Schwägerin Zipora, der Ehefrau Moses. Bruder Aaron stimmt dem geschmacklosen schwesterlichen Vorwurf zu, obwohl er Protest hätte einlegen müssen als ältester und reifster der Geschwister. Mose ist sprachlos und zutiefst verletzt. Gott Vater mischt sich plötzlich ein, nimmt die beiden verleumderischen Geschwister zur Brust und züchtigt Miriam, indem er ihre Haut

schneeweiß aussätzig werden lässt. Jetzt darf sie am eigenen Leib ihr favorisiertes Farbideal in extremer Form erleben und erleiden. Was macht der große Prophet Mose? Er erkennt blitzschnell, dass in dieser verfahrenen lieblosen Situation nur die Macht des liebenden Gebets zu helfen und zu erlösen vermag. Er spricht zum erzürnten Gott der unterschiedslosen Liebe all seinen Kindern gegenüber das kürzeste Gebet der Heiligen Schrift – ANA EL REFA NA LA ! – Bitte du Ewiger Gott, schenke ihr bitte Heilung!
Von der Leidenschaft dieses spontanen Stoßgebets im Angesicht der beiden Geschwister tief berührt und überzeugt, lässt Gott Vater die leidende verleumderische Miriam unter Einschaltung einer als Besinnungsphase gedachten einwöchigen Quarantäne von ihrem Aussatz genesen. Das kurze Gebet des tief verletzten Bruders Mose zur Heilung seiner körperlich durch Aussatz gezeichneten Schwester ist beispiellos und beispielgebend zugleich. In der Brisanz und Spontanität des drängenden Moments müssen keine wohlfeilen Formulierungen gewählt werden, müssen keine theologisch perfekten Zusammenhänge erschlossen werden. Was zählt, ist einzig die Authentizität und Lebendigkeit des pulsierenden Herzens des Beters. Unsere angelsächsischen Geschwister sprechen von outpourings of the heart (Herzensergüssen).

Mose erreicht Gottes Wohlwollen und Zustimmung einzig durch die aus seinem tiefstem Herzen strömende vergebende Liebe seiner älteren Schwester gegenüber. Moses in wenige, aber mächtige Worte gekleidetes Flehen dient jedem bibelbewussten und bibelachtsamen Leser als Beispiel und Vorbild. Jeder gläubige Mensch vermag diejenigen spontanen Worte seines Herzens zu finden, die in der konkreten Situation die geeignetsten sind. Solche Gebete, solche outpourings of the heart, sind befreiend und wirksam – für den Beter und den Bebeteten.

Gott liebt die bunte Vielfalt

Das Wort des HERRN erging an mich: Menschensohn, deine Brüder, deine Brüder, deine Sippenangehörigen und das ganze Haus Israel, von ihnen sagen die Bewohner Jerusalems: Sie sind fern vom HERRN; uns ist das Land zum Besitz gegeben. Darum sag: So spricht GOTT, der Herr: Gewiss, ich habe sie weit weg unter die Völker entfernt; gewiss, ich habe sie in die Länder zerstreut. Doch bin ich ihnen ein wenig zu einem Heiligtum geworden in den Ländern, wohin sie gekommen sind.

Das Buch Ezechiel Kapitel 11, Verse 14-16

Die große Zusage Gottes an seinen Gesandten Ezechiel thematisiert die entstandene Spannung zwischen heimatverbliebenen Juden und Diasporajuden, die infolge der Zerstörung des Tempels durch die feindlichen Babylonier ins Babylonische Exil verbannt wurden. Im scharfen Gegensatz zum Spott und zur Überheblichkeit der im Heiligen Land zurückgebliebenen Juden ihren Landsleuten im Exil gegenüber mahnt Gott die Daheimgebliebenen zu Demut und Zurückhaltung. Obwohl die Mehrheit der Juden Israels ins Exil vertrieben wurde, besteht kein Grund zur Überheblichkeit ihnen gegenüber, denn Gott hat auch mit den Verbannten ein wohlwollendes Ziel und einen weisen, wegweisenden Plan. Die Juden in der Fremde haben zwar sowohl das große Tempelheiligtum als auch die Sesshaftigkeit auf Heimatboden verloren, jedoch kompensiert sie Gott mit etwas völlig Neuem – dem kleinen Heiligtum. Alle deutschsprachigen Übersetzungen der Bibel haben sich bei der Übertragung des zugrunde liegenden hebräischen Begriffs MIKDASCH MEAT sehr schwer getan. Der Begriff bezeichnet die Errichtung vieler „kleiner Heiligtümer“ in Gestalt einfacher Gebetsgemeinschaften, Gebetsversammlungen bzw. Gebetskreise auf dezentraler lokaler Ebene in den verschiedenen Städten und Dörfern der Diaspora. Gott verheißt den verbannten Juden eine neue Präsenz seiner Heiligkeit auf fremdem Boden inmitten der eklatanten Unheiligkeit heidnischer Bewohner und ihrer religiösen Lebenspraxis. Gottes allumfassendes, unbegrenztes, heiliges Wesen lässt sich nicht einengen auf das Territorium des Landes Israel, sondern kann sich durch seine Bestimmung auf jedes Land auf Erden ausweiten. Die schadenfrohen Juden auf Israels Boden werden über diese nie gehörte und nie gekannte Reichweite und Allgegenwart Gottes ins rechte Bild gerückt. Gott lässt sein gesamtes Volk, Heimatverbliebene als auch Heimatvertriebene, wissen, dass seine Nähe, seine geistig-religiöse Erreichbarkeit keineswegs von der Existenz oder Nichtexistenz eines menschengemachten Palastes abhängt. Die orientierungslosen, entwurzelten Juden im Exil bekommen durch diese göttliche Vision mittels des wortgewaltigen Propheten eine kraftvolle Inspiration zu einem neuen religiösen Gemeindeleben jenseits der Bindung an einen Tempel in Jerusalem. Es wird sich eine neue religiöse Identität in der Diasporaexistenz herausbilden, sodass sich die exilierten Juden nicht mehr schämen und minderwertig fühlen müssen, in der Fremde und Ferne zu leben.

Unser Text will uns lehren, dass nach jedem schweren Verlust, nach jedem Verzicht, den uns Gott im Gang unseres Lebens zumutet, Er eine Erneuerung und Erweiterung unseres geistigen Horizonts voraussieht. Jeder Abbau, und sei er noch so tragisch, dient einem neuen Aufbau. Das von Gott angekündigte „kleine Heiligtum“ auf Exilsboden wurde im Laufe der darauf folgenden Jahrhunderte zur Basis eines noch nie dagewesenen, florierenden, jüdischen Lebens auf fremden Boden – bis auf den heutigen Tag. Auch wir sind in unserer Jetztzeit gefordert, uns nicht sklavisch auf althergebrachte „Heiligtümer“ zu fixieren, sondern offen und veränderungswillig auf Gottes großen Geist zu achten, der weht, wo Er wehen will. Gott kann überall erfahren und gefeiert werden – selbst an den entlegensten Orten auf Erden – wie Mose am brennenden Dornbusch in der Wüste Sinai und wie Elija am Ginsterstrauch in der Wüste Beerscheba.

3

Altes loslassen und Neues mutig zulassen

Wer Gott vertraut, hat den Sieg bereits errungen

Doch der HERR sagte zu Gideon: [...] Führe die Leute hinab ans Wasser; dort will ich sie für dich mustern. Von wem ich zu dir sagen werde: Er soll mit dir gehen!, der soll mit dir gehen und jeder, von dem ich zu dir sagen werde: Dieser soll nicht mit dir gehen!, der soll nicht gehen. Gideon führte die Leute zum Wasser hinab und der HERR sagte zu ihm: Stell alle, die das Wasser mit der Zunge auflecken, wie es ein Hund tut, auf einen besonderen Platz, und ebenso alle, die sich zum Trinken hinknien. Die Zahl derer, die aufleckten – mit der Hand zum Mund –, betrug dreihundert Mann. [...] Der HERR sagte zu Gideon: Durch die dreihundert Mann, die aufgeleckt haben, will ich euch retten und Midian in deine Hand geben.

Das Buch der Richter Kapitel 7, Verse 4-7

Immer wieder begegnen wir bei aufmerksamer Lektüre der Bibel einem grundlegenden existenziellen Konflikt der jeweils handelnden Personen. Es ist der massive Konflikt zwischen maßlosem Einsatz menschlicher Ressourcen und Kampfstrategien, um bedrohliche Aggressoren zu Fall zu brin-

gen, und dem Appell Gottes an die Akteure sich auf weniger Menschenwerk und auf mehr Gotteswerk, d.h. auf mehr Gottvertrauen und Gottverbundenheit, zu konzentrieren.
Dieser innere Seelenkampf prägt alle biblischen Geschichten von den Urzeiten der Stammväter und Stammmütter über die bitteren Kämpfe zur Zeit der Könige Israels bis zu den prophetischen Endzeitvisionen.
Im Buch der Richter wird uns eine besonders eindrückliche Erzählung aus der Epoche des Richters Gideon vermittelt, in der der unsichere Militärbefehlshaber Gideon davon ausgeht, die Schlacht gegen die feindlichen Midianiter mittels militärischer Überlegenheit und menschlich-strategischem Kalkül zu gewinnen. Gott, der Schöpfer alles Lebens und Kenner aller menschlichen Regungen, tritt dem Richter Gideon als souveräner Vater, Freund und Helfer gegenüber. In einem passionierten und militärspezifisch versierten Appell überzeugt Gott seinen Gesandten im Kampf gegen die existenzbedrohenden Feinde, die Kampfstrategie keinesfalls auf blanke Muskelkraft und brutale Vernichtungslust zu fixieren, sondern der göttlichen Taktik zu vertrauen.
Diese göttliche Taktik beinhaltet ein Fokussieren auf die Wunderwirkung Gottes geistiger Kampfwerkzeuge.

Bei Gott zählen keinesfalls äußere Faktoren wie die Menge an Kampfeinheiten, die militärische Ausrüstung und strategische Kampfpläne. Bei Gott zählt allein der Sieg durch Geistkraft und durch tiefes, hingebungsvolles Gottvertrauen.
Der kampflustige Richter Gideon musste nach einem harten inneren Kampf die Überlegenheit von Gottes weisem Plan einsehen. Durch seinen inneren Sieg des Gottvertrauens über seine kleingläubige menschliche Angst und Selbstzweifel konnte er den Sieg gegen den äußeren Feind mit spielender Leichtigkeit erringen. Wenn der innere Kampf zugunsten Gottes Führung und Gottes grenzenloser Weisheit gewonnen ist, ist der äußere Sieg eine souveräne Folge dieser inneren Stärke und Gewissheit. Der große britische Dichter William Shakespeare drückte diese Erkenntnis mit seinen weltberühmten Worten folgendermaßen aus: „A coward dies a thousand times before his death, but the valiant taste of death but once“ (Ein Feigling stirbt tausend Male vor seinem Tod, der Held schmeckt den Tod nur ein einziges Mal).

Keine Angst vor der Angst

Da wandte sich der HERR ihm zu und sagte: Geh in dieser deiner Kraft und rette Israel aus der Hand Midians! Sende ich dich nicht hiermit? Er entgegnete ihm: Mit Verlaub, Herr, womit könnte ich Israel retten? Sieh doch, meine Tausendschaft ist die schwächste in Manasse und ich bin der Jüngste im Haus meines Vaters. Der HERR sagte zu ihm: Ich werde ganz gewiss mit dir sein und du wirst Midian schlagen, als wäre es nur ein Mann.

Das Buch der Richter Kapitel 6, Verse 14-17

Der biblische Richter Gideon steht vor einer großen Herausforderung in seiner stürmischen Zeit der permanenten Bedrohung durch benachbarte, feindlich gesinnte heidnische Aggressoren. Die Midianiter sind unerbittlich und unumstößlich entschlossen, die israelitische Gemeinschaft im Heiligen Lande schonungslos zu vernichten. Gideon ist der einzige Mann zur gegebenen Stunde, der der feindlichen Macht aufgrund seiner Kampfversiertheit trotzen kann, doch er leidet unter nagenden Selbstzweifeln und Minderwertigkeitsgefühlen.

Diese Negativität bedrängt und bedrückt ihn zeit seines Lebens, obwohl er sie nicht nötig hätte.

Er ist ein Mann voller Kraft, Talente und intakter Gottesbeziehung. Was dem Richter und Kämpfer Gideon fehlt, ist das auf Fakten beruhende, erlebte Gottvertrauen. Es ist die tiefe, innere, aus Wahrnehmung resultierende Gewissheit der Omnipräsenz des behütenden Schöpfers, welche Kraft und Ermutigung spendet. Genau dieser lebendige, belebend-befeuernde Gott begegnet dem unsicheren Richter Gideon zu einer völlig unerwarteten Zeit an einem völlig unerwarteten Ort. Gott mutet sich dem Richter und potenziellen Kämpfer zu – genau in dieser großen feurigen Manifestation. Diese göttliche „Zu-mutung" gibt Gideon den dringend benötigten Mut, die Kraft und die lang ersehnte Lebendigkeit, um seine anstehende Aufgabe mutig und vertrauensvoll zu lösen. Fortwährend begegnen uns in Gottes lebendiger Schrift Menschen voller Handlungspotenzial und Tatendrang, die durch die offene Hinwendung zu Gottes Ermutigung und Bestärkung die benötigte Ermächtigung und Befeuerung bekommen. Mit deutlichen Worten wird uns deren anfängliche Unsicherheit, Unbeholfenheit und Unerfahrenheit im Umgang mit dem lebendigen Gott beschrieben. Im Verlauf der Begegnung mit dem lebendigen und belebenden Gott schmelzen jedoch all diese Hindernisse dahin. Eine starke, gefestigte Führungspersönlichkeit tritt hervor und ergreift die aufgetragene

Führungsaufgabe. Das anfängliche Bekenntnis von Angst und Unsicherheit verwandelt sich in ein Bekenntnis großen Gottvertrauens und großer Gottverbundenheit – eine biblische Grunderfahrung, die das Buch der Bücher zu einem Dokument zeitloser Gültigkeit macht.

Von den Fehlern der anderen lernen

Belehrt mich, so werde ich schweigen, worin ich fehlte, macht mir klar! Wie können redliche Worte kränken, was kann euer Tadel rügen? Gedenkt ihr, Worte zu tadeln? Spricht der Verzweifelte in den Wind? Selbst um ein Waisenkind würdet ihr würfeln, sogar euren Freund verschachern. Habt endlich die Güte, wendet euch mir zu, ich lüge euch nicht ins Gesicht. Kehrt um, kein Unrecht soll geschehen, kehrt um, noch bin ich im Recht.
Das Buch Ijob Kapitel 6, Verse 24-29

Wie oft im Leben, wenn wir in einer emotionalen oder materiellen Krise, Not oder Belastung stehen, erleben wir die gut gemeinten Ratschläge und wohlklingenden Empfehlungen vermeintlicher

Freunde, denen wir uns hilfesuchend anvertrauen. Diese „klugen" Freunde geben in solchen Notlagen nicht nur gerne vor, alles über unsere Notlage zu wissen, sondern auch alles besser und gründlicher zu wissen.
Solchen überheblichen Besserwissern begegnet der leidgeprüfte, verzweifelte Mann Ijob im gleichnamigen Buch des Ersten Testaments. Ijob sehnt sich im Angesicht harter, ihm schwer zusetzender Schicksalsschläge nach nichts mehr als nach aufmerksamem geduldigem Zuhören – nach tiefem Verständnis für sein intensives Ringen um die Nähe Gottes in seiner großen Not, in der er diese äußerst schmerzlich vermisst. Ijob schreit weder nach einer sofortigen Linderung bzw. Beseitigung seiner qualvollen körperlichen Schmerzen, er bittet seine scheinbaren Freunde zu keinem Zeitpunkt ihres Zusammenseins um theologische Beratung. Dennoch kaprizieren sich diese drei von Weitem angereisten Schönredner ausschließlich auf theologisch-theoretische Abstraktionen, die am individuellen Leiden des vor ihnen stehenden zerbrochenen Mitmenschen restlos vorbeigehen. Ijob kann und will nicht mehr den vornehm zurückhaltenden Gentleman spielen – er drückt in unmissverständlicher Vorwurfsklarheit den Rednern gegenüber seine Unzufriedenheit und bittere Enttäuschung aus.
Das große biblische Werk des Ijob lehrt uns

überwältigend klar, dass das biblische Gebot der bedingungslosen Nächstenliebe aus Levitikus 19,18 in seiner Tiefe bedeutet, den vor mir stehenden Menschen mit seinem biografisch bedingten spirituellen und emotionalen Gewordensein zu verstehen und anzunehmen. Es gilt nicht, ihn mit meinen abstrakten Gottesgedanken und egozentrischen Heilslehren konvertieren zu wollen. Es gilt, dem leidenden und suchenden Menschen bei seiner persönlichen und einmaligen Suche nach „Sinn im Unsinn" die Worte und Gedanken anzubieten, die ihm bei seiner dringend gebotenen Orientierungssuche dienlich und wegweisend sind, ohne ihn mit zwar wohlklingenden, aber inhaltsleeren Phrasen und Lippenbekenntnissen zu überfallen. Seinen Mitbruder, seine Mitschwester wahrhaft zu lieben, bedeutet eine doppelte „Aufgabe" – die Auf-gabe, das Aufgeben jeden Versuches besserwisserischen Denkens meinerseits und die Aufgabe, den anderen Menschen zu würdigen als eine gottgeschaffene Person mit ihrem individuellen Recht und ihrer Pflicht, sich ihren eigenen Weg zu Gott zu erringen. Ich als Tröster und Ratgeber kann durch die vor mir stehende Person mit ihrer individuellen Leidensgeschichte lernen, mein eigenes angelerntes und im Laufe meines Lebens erworbenes Gottes- und Menschenbild zu revidieren, zu erweitern und zu vertiefen. Der sich mir anvertrauende Mensch erfährt somit nicht nur einseitig meine Hilfe und meine Zuwendung, er wird für mich zur unerwarteten Quelle der Hilfe und Zuwendung. Authentische Nächstenliebe ist, mit jüdisch-biblischen Augen besehen, immer eine Erfahrung, von der Geber und Empfänger profitieren. Die Geschichte der Begegnung Ijobs mit seinen vermeintlich „freundlichen" Ratgebern präsentiert dem aufmerksamen Leser auf beschämende und bedrückende Weise die tragische Macht blinder Besserwisserei und eingebildeter trügerischer Hilfsbereitschaft. Sie ist eine dringende Warnung, aus den Fehlern der anderen zu lernen, umzudenken und menschlicher zu handeln – rücksichtsvoll, einsichtsvoll, beziehungsvoll.

Die Wahrheit hinter der Fassade

Isaak ließ sich in Gerar nieder. Als sich die Männer des Ortes nach seiner Frau erkundigten, sagte er: Sie ist meine Schwester. Denn er fürchtete sich zu sagen: Sie ist meine Frau. Er dachte: Damit mich die Männer des Ortes nicht wegen Rebekka umbringen. [...] Da rief Abimelech [der König der Philister]

Isaak und sagte: Sieh da, sie ist deine Frau. Wie konntest du sagen: Sie ist meine Schwester? Da antwortete ihm Isaak: Ich sagte mir: Ich möchte nicht ihretwegen sterben. Abimelech entgegnete: [...] Beinahe hätte jemand aus dem Volk bei deiner Frau gelegen; dann hättest du über uns Schuld gebracht. Abimelech ordnete für das ganze Volk an: Wer diesen Mann oder seine Frau anrührt, wird mit dem Tod bestraft.
Das Buch Genesis Kapitel 26, Verse 6-11

Eine peinliche Situation, von der uns die Heilige Schrift aus dem Leben des zweiten Stammvaters des jüdischen Volkes, Isaak, und seiner Gattin Rebekka berichtet. Diese Episode der Bibel will uns eine wichtige Lektion über menschliches Verhalten lehren. Bedingt durch eine harte Hungersnot im Lande Kanaan, befinden sich Isaak und Rebekka im feindlichen benachbarten Philisterland, wobei Isaak die wahre Identität seiner Frau Rebekka unter dem „Deckmantel" Schwester tarnt. Isaak kennt die üblen Landesbräuche der amoralischen heidnischen Philister, denen zufolge einem ausländischen, verheirateten Mann die Ehefrau gewaltsam entrissen werden darf, um sie dem regierenden König oder angesehenen Männern des Landes als Lustobjekt zu Verfügung zu stellen – bei gleichzeitiger Tötung des lästigen, bedeutungslosen Ehemannes. Vater Isaak ist kein primitiver Feigling, wie so mancher Leser zu denken geneigt sein wird. Er ist ein weiser, gläubiger, realistisch denkender und handelnder Fremder in Feindesland, der sich nicht tatenlos auf Wunder verlassen, sondern eigenständig agieren möchte, um sein gefährdetes Leben zu schützen. Er weiß, dass es nur recht und billig ist, in einem gesellschaftlichen Unrechtssystem so aufzutreten, dass das eigene Überleben garantiert ist. In der Folge von Isaaks selbstschützender Äußerung bezüglich seiner Frau fügt es sich, dass der König die tatsächliche Beziehung zwischen Isaak und Rebekka erkennt, diesen sofort zur Rede stellt und eine ungewöhnlich scharfe Schutzmaßnahme zugunsten des jüdischen Ehepaares im Exil ausspricht. Unter Androhung der Todesstrafe wird es den Bürgern des Landes verboten, das fremde Ehepaar zu berühren – welch dramatische Konsequenz im Denken und Verhalten einer sittenlosen Gesellschaft im Nachbarland Kanaans. Vater Isaaks Besonnenheit und Entschiedenheit, zum eigenen Schutz die Sachlage umzuschreiben, hat sich durch die Verkettung der Umstände zu seinen Gunsten prächtig ausgezahlt. Indem er nicht kindlich-naiv die Fakten wahrheitsgetreu beim Namen nennt, bewirkt er eine noch nie dagewesene Korrektur im Verhalten der gastgebenden, zwielichtigen Philister – eine öffentliche Revision ihres unmenschlichen Umgangs mit dem Fremden in ihren Toren. Der heidnische Regent erkennt und bekennt sein eigenes frevelhaftes Verhalten dem gesitteten, von Anstand geprägten Juden und seiner Gattin gegenüber und stellt fortan beide unter staatlichen Schutz. Es lohnt sich, jenseits von naiver Gutgläubigkeit und Treuherzigkeit der Führung der göttlichen inneren Stimme zu vertrauen, die zu einer abweichenden Benennung der Realität auffordert, wenn zwingende äußere Umstände dies not-wendig, ja not-wendend machen.

Tödliche Schlangen und rettende Schlangen

Das Volk aber verlor auf dem Weg die Geduld, es lehnte sich gegen Gott und gegen Mose auf und sagte: Warum habt ihr uns aus Ägypten heraufgeführt? […] Es gibt weder Brot noch Wasser und es ekelt uns vor dieser elenden Nahrung. Da schickte der HERR Feuerschlangen unter das Volk. Sie bissen das Volk und viel Volk aus Israel starb. Da kam das Volk zu Mose und sagte: Wir haben gesündigt, denn wir haben uns gegen den HERRN und gegen dich aufgelehnt.

[…] Der HERR sprach zu Mose: Mach dir eine Feuerschlange und häng sie an einer Stange auf! Jeder, der gebissen wird, wird am Leben bleiben, wenn er sie ansieht. Mose machte also eine Schlange aus Kupfer und hängte sie an einer Stange auf. Wenn nun jemand von einer Schlange gebissen wurde und zu der Kupferschlange aufblickte, blieb er am Leben.
Das Buch Numeri Kapitel 21, Verse 4-9

Ein entsetzlicher Verrat der Kinder Israels während der langen Wüstenwanderungszeit – ein Verrat an der unendlichen Liebe Gottes entfaltet sich vor unseren Augen im vorliegenden Text. Aufgrund einer launisch bedingten Unzufriedenheit und Undankbarkeit gerät das Volk in einen ekstatischen Rausch von Vorwürfen und Rebellion. Völlig unfähig, für seine Unzufriedenheit und Ungeduld ein menschenwürdiges und moderates Ventil der Selbstmitteilung zu finden, verfällt die ungehobelte Masse in ein unkontrolliertes hysterisches Geschrei gegenüber dem sie liebevoll und in Treue führenden Propheten Mose. Warum entsendet plötzlich der Gott der Liebe den rebellischen Kindern Israels hochgiftige Schlangen, die ihnen den Tod bringen? Welche Symbolik steht hinter der Schlange, die heftig zubeißt, und der metallenen Schlange, die Mose durch Gottes Auftrag aus Kupfer anfertigt und auf einer Stange befestigt? Die Schlange steht seit ihrem erstmaligen Auftritt bei Adam und Eva im Paradies für die Kraft der Verführung und Manipulation. Sie trachtet allzeit danach, den Menschen zu verführen, seinen niedersten, rein animalischen Instinkten zu gehorchen, statt seinem höheren Selbst – Gottes Stimme in seinem Herzen – Gehör zu schenken. Im Zustand der maßlosen kollektiven Unzufriedenheit unserer biblischen Szene verfiel das Volk Gottes in den geistig-seelischen Zustand der falschen, verführerischen Schlange zurück. Durch seine unberechtigten Vorwürfe und seine Rebellion Gott gegenüber gehorchte die Masse der lügnerischen Sprache der inneren Schlange und wendete sich vom stets für-sorglichen Gott der Väter und Mütter verräterisch ab. In dieser Stunde der großen Not und infolge der schmerzvollen Umkehr des sündigenden Volkes beauftragt Gott seinen Propheten, dem Volk ein spirituelles Heilmittel zu offerieren. Eine an einer hohen Stange befestigte kupferne Schlange soll durch die gebissenen Kinder Israels in der Wüste andächtig angeblickt werden, um von dem tödlichen Schlangenbiss augenblicklich geheilt zu werden. Die innere Ungläubigkeit und Verführbarkeit der Menschen soll durch die veräußerlichte Metallschlange sichtbar gemacht werden. Ihre innere Fehlhaltung soll ihnen deutlich vor Augen gebracht werden – mit Blick in Richtung Himmel, in

Richtung Ewiger Gott und Vater. Der richtige Blick, der auf-richtige Hin-blick zu Gott dem Schöpfer und Erhalter des Lebens, spendet Leben und Rettung vor dem irdischen Tod. Die zerstörerische Macht der niederen irdischen Schlange kann nur überwunden werden, indem die höhere geistige Schlangenkraft in die Ebene der rettenden Geistkraft Gottes erhoben und transformiert wird. Die Lektion für Leser der Heiligen Schrift lautet unmissverständlich: Alle irdischen, natürlichen Gefahren auf Erden können überwunden werden durch den not-wendigen, den not-wendenden, über-natürlichen Blickwechsel in Richtung der alles überragenden und überwölbenden Macht Gottes. Die Allgegenwart unberechenbarer irdischer Gefahren wird sich in der vormessianischen Zeit, in der wir noch leben, nicht bannen lassen. Der jederzeit mögliche rettende Hinblick und Ausblick zum Schöpfer ist jedoch gleichermaßen erlebbare Allgegenwart Gottes und somit mächtiger als jede irdische Gefahr.

Das Feuer der Erneuerung

Mose weidete die Schafe und Ziegen seines Schwiegervaters Jitro, des Priesters von Midian. Eines Tages trieb er das Vieh über die Steppe

hinaus und kam zum Gottesberg Horeb. Dort erschien ihm der Engel des HERRN in einer Feuerflamme mitten aus dem Dornbusch. Er schaute hin: Der Dornbusch brannte im Feuer, aber der Dornbusch wurde nicht verzehrt. Mose sagte: Ich will dorthin gehen und mir die außergewöhnliche Erscheinung ansehen. [...] Als der HERR sah, dass Mose näher kam, um sich das anzusehen, rief Gott ihm mitten aus dem Dornbusch zu: Mose, Mose! Er antwortete: Hier bin ich.
Das Buch Exodus Kapitel 3, Verse 1-4

Der einfache und bescheidene Hebräer-Hirte Mose hütet an einem ganz gewöhnlichen, orientalisch heißen Sommertag die Schafe seines Schwie-gervaters Jitro. Dieser gewöhnliche Arbeitstag soll der gewaltigste, wichtigste und geheimnisvollste Tag seines neuen Lebens werden.
Gott lauert ihm abseits seiner gewohnten Weidefläche mit einem völlig unerwarteten Naturspektakel auf – ein leuchtend brennender, jedoch nicht verbrennender Dornenstrauch, der typisch für die Wüste ist. Der treue Hirte wagt den ersten Schritt zur Verwandlung seiner alten Identität in eine neue, feurige Führungspersönlichkeit. Er löst sich aus der vertrauten Routineumgebung los und bewegt sich hin zur Stätte des geheimnisvollen Phänomens.

Dieser erste entscheidende Wagemut, diese erste brennende Neugier zahlt sich aus. Er darf ein einmaliges Naturereignis beobachten, das ihn im Innersten berührt, im Innersten entzündet. Ein göttlicher Engel spricht ihn aus dem unansehnlichen und fruchtlosen Gewächs beruhigend und begleitend an mit Worten, mit denen er nie gerechnet hat. Nach den Engelworten spricht ihn Gott der Vater an. Ebenfalls mit Worten, die von Milde, Verständnis und Annahme zeugen. Mose erkennt sofort das große transzendente Geschehen inmitten der äußerlich völlig irdisch-diesseitigen Dimension – eine Begegnung von göttlich-erhabenem Geist mit niederer Materie. Der ewige, überragende Gott lässt sich herab in seine unscheinbare und unwirtliche Schöpfung, die augenblicklich nicht mehr so bleibt, wie sie war.

Gott berührt, begeistert und befeuert den ahnungslosen Menschen mit seiner Erscheinung. Einer Erscheinung, die in die Materie des Alltags eingreift, diese übernatürlich berührt und bekleidet, jedoch nicht beendet. Der Mensch Mose mit dem hebräisch pulsierenden Herzen versteht, dass er gemeint ist. Er soll sich vom Ewigen Vater und dessen grenzenlosem Feuergeist entzünden, entflammen, entbrennen lassen. Er reagiert auf den feurigen Ruf Gottes mit einem entscheidenden und entschiedenen hebräischen Begriff, der in der hebräisch-jüdischen Theologie der Bibel zu einem „Fachausdruck“ für die totale Hingabe des Einzelnen gegenüber dem Ruf des Ewigen Gottes geworden ist: HINENI – das bedeutet: Ich bin vorbehaltlos bereit, ich bin ganz dabei, ich wage zweifelsohne den gebotenen Schritt. Am Anfang der Verwandlung steht das Feuer der Erneuerung – geheimnisvoll, gefährlich, gestaltgebend – unnahbar und zugleich einladend nahbar. Nahbar für denjenigen mutigen, klaren und glaubensgefestigten Menschen, der weiß, dass Feuer die Energie des Lebens, die Energie des Wachstums und die Energie der Entwicklung ist.

AJEKA – Mensch, wo bist du?

Als sie an den Schritten hörten, dass sich Gott, der HERR, beim Tagwind im Garten erging, versteckten sich der Mensch und seine Frau vor Gott, dem HERRN, inmitten der Bäume des Gartens. Aber Gott, der HERR, rief nach dem Menschen und sprach zu ihm: Wo bist du? Er antwortete: Ich habe deine Schritte gehört im Garten; da geriet ich in Furcht, weil ich nackt bin, und versteckte mich.

Das Buch Genesis Kapitel 3, Verse 8-10

Die erste Frage, die in der Heiligen Schrift gestellt wird, ist eine Frage aus dem Munde des Schöpfers an sein erstes irdisches Geschöpf Adam, den „Erdling“. Adam missachtete das einzige Gebot, welches Gott der Schöpfer ihm und seiner Gehilfin Eva auferlegte, keine Frucht vom Baum der Erkenntnis von Gut und Böse zu pflücken und zu verzehren. Das Paar übertrat provokant das göttliche Edikt und war in der Folge nicht willens und nicht fähig, die begangene Tat vor dem Hausherrn des paradiesischen Gartens, Gott dem Schöpfer, zu bekennen und aufrichtig zu bereuen. Gott selbst ergreift die Initiative und eröffnet den ersten klärenden Dialog auf Erden mit der klassischen Frage an den Menschen durch das penetrierende Wort AJEKA? – Wo bist du? Mit diesem einzigen Wort in der hebräischen Sprache will der Schöpfer sein ungehorsames Geschöpf nach der begangenen verbotenen Tat mit seiner persönlichen Stellungnahme, mit seiner Verantwortung, mit seiner Korrekturbereitschaft konfrontieren. Anstatt sich dem unerwarteten göttlichen Gesprächsangebot mutig zu stellen, favorisiert der erste Mensch auf Erden die äußere Flucht hinter die Bäume des Gartens als auch die innere Flucht in Ausreden und Fremdbeschuldigung. Die Bibel zeigt uns unbeschönigt die innere Verfassung des Menschen im Angesicht begangenen Unrechts und Ungehorsams. Adam verstrickt sich in kindisch-unreifer Leugnung und Realitätsverzerrung. Er erkennt nicht die ihm von Gott dargebotene Möglichkeit der Korrektur und Klärung seines gewaltigen Fehlverhaltens. Vielmehr fühlt er sich angeklagt, bedroht und verfolgt, obwohl Gott das keinesfalls im Sinne hatte, sondern den Grenzüberschreiter für die Möglichkeit zu Einsicht und Umkehr gewinnen wollte, um die begangene Tat zu büßen und zu heilen. Der Mensch, wir alle, ein jeder von uns, wird von Anbeginn als dialogunwillig, dialogfeindlich porträtiert. Er sieht nicht die große Hand Gottes, die ihm entgegengestreckt wird, um gemeinsam in partnerschaftlicher Verbundenheit mit Gott die eingetretene Situation und erfolgte Handlung zu verantworten und zu korrigieren. Stattdessen wählt der uneinsichtige Mensch die Konstruktion egogesteuerter Fantasien und Perversionen – eine tragische Missdeutung und Missachtung verborgener, hochwirksamer Erneuerungsressourcen. Dieses beklagenswerte menschliche Charakteristikum durchzieht die gesamte Fülle der biblischen Erzählungen in all ihren Epochen und all ihren Verwicklungen. Der Mensch ignoriert die Gunst der Stunde zu Umkehr und Erneuerung und wählt in blinder Selbsttäuschung Schmerz, Flucht und Zerstörung. Gott steht uns nicht nur *vor* jeder fragwürdigen Tat helfend zur Seite, sondern auch *nach* begangener fehlerhafter Tat durch die Option der Rückkehr und Umkehr. Ein einsichtsvolles Eingeständnis des eigenen Versagens durch unseren Ahnherren Adam hätte ihm und der gesamten Menschheit, uns allen, seinen Abkömmlingen, die bittere Vertreibung aus dem Paradies mit den damit einhergehenden schmerzhaften Folgen mit Sicherheit erspart. Der große Exilsprophet Jeremia bezeugt die Umkehrsehnsucht Gottes im Hinblick auf sein ungehorsames Volk mit folgenden aufrüttelnden Worten: *Kehrt doch um, jeder von seinem schlechten Weg und der Bosheit eurer Taten; dann dürft ihr auf dem Ackerboden bleiben, den der* HERR *euch und euren Vätern gegeben hat seit jeher und für immer* (Jeremia 25,5). Der Prophet Sacharja weiß zu predigen: *So spricht der* HERR *der Heerscharen: Kehrt um zu mir – Spruch des* HERRN *der Heerscharen – dann kehre ich um zu euch [...]* (Sacharja 1,3). Beherzigen wir engagiert und entschlossen die uns in der Schrift entgegengerufene Aufforderung nach Erneuerung unserer Verfehlungen und Dialogabbrüchen, indem wir aus der Falle der Selbstherrlichkeit hinaus in die Fülle echter Gottesbeziehung hineintreten.

Talente nutzen

Am Morgen kam Josef [zum Mundschenk und Bäcker des Königs von Ägypten] und sah ihnen an, dass sie missmutig waren. Da fragte er die Hofbeamten des Pharao, die mit ihm im Hause seines Herrn in Gewahrsam gehalten wurden: Warum seht ihr heute so böse drein? Sie antworteten ihm: Wir hatten einen Traum, aber es ist keiner da, der ihn auslegen kann. Josef sagte zu ihnen: Ist nicht das Träumedeuten Sache Gottes? Erzählt mir doch!

Das Buch Genesis Kapitel 40, Verse 6-8

Wir haben vor uns eine Episode aus der Josefsgeschichte der Heiligen Schrift – ein in sich geschlossenes dichterisches Meisterwerk an menschlicher Niedertracht und Bosheit und deren Verwandlung in grandiose menschliche Güte und Größe durch Gottes unsichtbares Eingreifen. Am Anfang der tragischen Verschleppung des jungen hochtalentierten Josef, Urenkel des legendären Stammvaters des jüdischen Volkes Abraham, wird dieser infolge einer bösartigen Verleumdung seitens einer ägyptischen Hofdame ins Gefängnis geworfen. Dort in tiefster Erniedrigung angekommen, begegnet Josef völlig unerwartet zwei ranghohen ägyptischen Mithäftlingen, die in des ägyptischen Königs

Ungnade gefallen sind und neben dem Hebräer Josef eine harte Kerkerstrafe abbüßen müssen. Eine faszinierende göttliche Verkettung menschlich völlig voneinander losgelöster und unkoordinierter Handlungen entfaltet sich in einer der spannendsten Geschichten der Bibel vor unseren Augen. Der junge Mann Josef, dessen frühe brillante Traumdeutungskunst im familiären Kreis zur Vertreibung durch seine Brüder führte, trifft im düsteren ägyptischen Kerker zwei verzweifelte Schicksalsgefährten. Beide träumen beunruhigende Träume, welche sie unter keinen Umständen zu deuten vermögen. Der wegen seiner talentierten Traumdeutung vor Jahren verachtete und verstoßene Josef wird aus heiterem Himmel zum Retter in der Not. Sein Talent der Traumdeutung wird jetzt in einer extrem misslichen Situation dringend benötigt. Zwei ägyptische Würdenträger träumen zwei zukunftsweisende Träume, zu deren professioneller Deutung sie ohne Expertenhilfe keinen Schritt vorankommen. Josef spürt den herangekommenen *kairos* – den rechten göttlich gefügten Augenblick –, in welchem er sein brachliegendes Talent zum Wohle der Mitmenschen anwenden kann.
Wie lange hat er darauf gewartet, nicht mehr wegen dieser göttlichen Begabung verspottet zu werden. Wie lange schon wollte er aufgeschlos-

senen Menschen sein Talent zu deren Wohle umsetzen? Jetzt endlich darf er zwei ratlosen Träumern ihre Träume richtig zu verstehen helfen. In Folge ergibt sich dadurch eine Begegnung mit dem König Pharao persönlich, dem er in ähnlich hoffnungsloser Lage gleich zwei Träume nacheinander deuten wird. Mit Demut erkennt Josef, dass alle Ereignisse und Fügungen im Leben ihre feste Zeit und ihren festen Rahmen haben. Es hilft kein verbissenes Drängen noch Jagen nach günstigen Gelegenheiten – diese treten zwanglos auf natürliche Weise durch tiefes geduldiges Gottvertrauen ein.
Für unser Leben will Josef uns mitteilen, dass der universelle Gott, der uns mit je eigenen Talenten ausgestattet hat, die Gelegenheiten geben wird, unsere Gaben bestmöglich und nutzbringend zu verwirklichen.
Das unerschütterliche Vertrauen und die tiefe Gelassenheit hierbei beschleunigen den Eintritt der Ereignisse. Die vorweggenommene Danksagung und Anerkennung der Schöpfungskraft setzt die Eigenschaft von Reaktionsbeschleunigern frei. Es gilt: Vertrauen schafft Verwirklichung – großes Vertrauen schafft große Verwirklichung.

Der Abbruch, der zum Umbruch und Aufbruch wurde

Der HERR sprach zu Abram: Geh fort aus deinem Land [...] in das Land, das ich dir zeigen werde! Ich werde dich zu einem großen Volk machen, dich segnen und deinen Namen groß machen. Ein Segen sollst du sein. Ich werde segnen, die dich segnen; wer dich verwünscht, den werde ich verfluchen. Durch dich sollen alle Sippen der Erde Segen erlangen. Da ging Abram, wie der HERR ihm gesagt hatte [...]. Abram war fünfundsiebzig Jahre alt, als er von Haran auszog.
Das Buch Genesis Kapitel 12, Verse 1-4

Es ist nie zu spät, sich zu verändern, ein neues aufregendes Kapitel in seinem Leben aufzuschlagen, die Zelte im wahrsten Sinne des Wortes abzubrechen und sie an einem neuen Ort aufzustellen. So einer aufregenden, fesselnden Unternehmung setzte sich der Stammvater des jüdischen Volkes, Abraham-Abram, mit seiner Frau Sara-Sarai aufgrund göttlichen Rufes aus. Die Bibel berichtet uns nur wenig über die näheren Umstände der göttlichen Berufung an Abraham. Gott der Schöpfer spricht eines Tages sein Herz während seiner jahrhundertelangen Stammesansässigkeit in Ur in Chaldäa so deutlich an, dass dieser Vater Abraham widerspruchslos die angestammte Heimat in „die neue Welt“ verlässt. Neben der überlebenswichtigen materiellen Ausrüstung nimmt der Pionier mit seiner treuen Partnerin eine immens wichtige spirituelle Ausrüstung mit auf den beschwerlichen Weg: die feste göttliche Zusage, ein neues großes Volk zu bilden und zugleich ein noch nie dagewesener Segenspender zu werden. Ausgestattet mit dieser gewaltigen göttlichen Zusage, sind Abraham und Sara durchdrungen von der brennenden Absicht, das neue, noch nicht genannte Ziel zu erreichen. Abraham und seine Gattin waren nach biblischen Maßstäben keine jungen Menschen mehr zur Zeit ihres Abbruchs. Ihr Geist hingegen war noch so jung, vital und beweglich, dass sich die beiden einem so ungeplanten Aufbruch hochmotiviert zu unterziehen bereit waren.

Dem beherzten Umbruch und Aufbruch dieser beiden Pioniere ist in der Folge die Entstehung des Monotheismus, des bedingungslosen Glaubens an den einen lebendigen Schöpfergott, zu verdanken. Ohne den Abschied und Neubeginn dieser beiden wagemutigen Vorkämpfer der Erneuerung hätten weder das Judentum noch dessen beide Abzweigungen, Christentum und Islam, das Licht der Welt erblickt!

Die Schrift lehrt uns einmal mehr, dass es zur äußeren Bewegung der innerlichen Beweglichkeit, Wendigkeit und Gelenkigkeit bedarf.

Veränderung im Leben – in welchem Ausmaß sie sich manifestieren mag – hängt zuvorderst von der inneren Haltung, der inneren Offenheit und Lebenszugewandtheit ab. Wenn das schlagende menschliche Herz nicht nur rein organisch funktionieren soll, ist es für jeden beherzten Menschen unerlässlich, offen zu sein für die göttlichen Rufe, Zurufe und Aufrufe im Herzen. Wer herzlich und herzhaft dem inneren mächtigen Ruf nach Veränderung und Neugestaltung gehorcht, macht sich auf einen abenteuerlichen Weg der ungeahnten Selbstentdeckung.

Der Romantiker Josef Freiherr von Eichendorff drückte dies dichterisch wunderbar aus: „Wem Gott will rechte Gunst erweisen, den schickt er in die weite Welt. Dem will er seine Wunder weisen, in Berg und Wald und Strom und Feld."

4

Der einzelne Mensch im Spannungsfeld der Gesellschaft

Bin ich der Hüter meines Bruders?

Da redete Kain mit Abel, seinem Bruder. Als sie auf dem Feld waren, erhob sich Kain gegen Abel, seinen Bruder, und tötete ihn. Da sprach der HERR zu Kain: Wo ist Abel, dein Bruder? Er entgegnete: Ich weiß es nicht. Bin ich der Hüter meines Bruders? Der HERR sprach: Was hast du getan? Das Blut deines Bruders erhebt seine Stimme und schreit zu mir vom Erdboden.
Das Buch Genesis Kapitel 4, Verse 8-10

„Wo ist Abel, dein Bruder?“ – ist in der jüdischen Theologie zur Frage aller Fragen geworden. Im ersten Mord auf Erden, dem ersten Brudermord, stellt der Schöpfer des Lebens seinem mörderischen Geschöpf Kain die Gretchenfrage – nennen wir sie die Kainfrage. Eine mächtige rhetorische Frage voller Ironie, Provokation und Beschämung. Der Schöpfer selbst konfrontiert den ersten Mörder auf Erden mit der Frage nach seiner grundlegend menschlichen Verantwortung und Fürsorge seinem einzigen Bruder gegenüber. Der versagende Mensch Kain erkennt die Schärfe der göttlichen Anklage und weiß sich sofort der erwarteten Antwort mit gespielter, bagatellisierender Haltung zu entziehen – er sei nicht zum Hüter seines Bruders bestellt worden.

Welch ewige Wahrheit und Weisheit liegt diesem kurzen und tief hintergründigen Dialog zugrunde!

Der Mensch Kain ist einem einzigen Bruder Abel auf Erden gegenüber ausgesetzt. Außer den sich selbst überlassenen Eltern Adam und Eva gibt es weit und breit keinen Menschen auf Erden. In der Tat sind wir als Gattung Mensch im Gegensatz zu allen übrigen irdischen Geschöpfen zu Rücksicht, Einsicht und Vorsicht – kurz Verantwortung – im Hinblick auf unsere Gattungsgenossen aufgerufen – nicht instinkthaft-animalisch, sondern existenziell-essenziell menschlich. Aufgrund unserer urmensch-lichen Natur als Gottes stets ansprechbare Gesprächspartner, als seine höchstentwickelte irdische Schöpfung und als mit Geist und unsterblicher Seele ausgestatteten Erdengäste, tragen wir einzigartig die Berufung und Befähigung zur Mitmenschlichkeit in uns. Diese Mitmenschlichkeit bedeutet keinesfalls, das Leben eines anderen Menschen partiell oder komplett zu leben, sollte dieser seine Eigenverantwortung delegieren. Mitmenschlichkeit bedeutet, durch Vorbild und mutigen Einsatz zum Wohle des anderen wahrhaft Mensch zu werden. Der jeweils andere ruft mich durch seine Schwächen, Ängste und Nöte explizit und implizit dazu auf, die engen Grenzen meiner eigenen egobehafteten Existenz zu sprengen und meine eigene erweiterte größere Existenz zu betreten.

„Wo ist Abel, dein Bruder?" Diese ewige Frage Gottes erschallt durch alle Generationen, durch alle Kontinente, in allen menschlichen Seelen und fordert uns immer wieder zur Antwort, zur Verantwortung heraus. Menschsein kann nicht gelebt oder beglückend erlebt werden, ohne die zutiefst bejahende Beantwortung dieser Ur-Frage des Schöpfers.

Die Faszination der Symbole

Abraham stellte aber sieben Lämmer der Herde beiseite. Da fragte ihn Abimelech [der Philisterkönig]: Was sollen die sieben Lämmer da, die du beiseitegestellt hast? Die sieben Lämmer, sagte er, sollst du von mir annehmen als Beweis dafür, dass ich diesen Brunnen gegraben habe. Darum gab er dem Ort den Namen Beerscheba – Siebenbrunn oder Schwurbrunn –; denn dort leisteten beide einen

Schwur. Sie schlossen also zu Beerscheba einen Bund. [...] Abraham pflanzte eine Tamariske in Beerscheba und rief dort den HERRN an unter dem Namen: Gott, der Ewige.
Das Buch Genesis Kapitel 21, Verse 28-33

Der erste Stammvater des jüdischen Volkes, Abraham, der aus Mesopotamien an Euphrat und Tigris ins verheißene Land Kanaan im Alter von fünfundsiebzig Jahren einwanderte, wird uns im ersten Buch der Bibel in einer schillernden Vielfalt abwechslungsreicher Erzählungen des orientalisch-semitischen Lebens vorgestellt. In keinem jugendlichen Alter mehr an der Seite seiner ebenbürtigen, ebenfalls in die Jahre gekommenen Gattin Sara, bleibt dem weit gereisten Ehepaar kaum eine aufregende Erfahrung in der neuen Heimat erspart. Dabei sind es nicht nur die innerfamiliären Konflikte Abrahams und Saras, bedingt durch die fremde Zivilisation und Kultur Kanaans, die die beiden „Pioniere des Eingottglaubens" zu meistern haben, sondern die harten Auseinandersetzungen mit der fremden, heidnischen Gesellschaft im Lande Kanaan. Ein Dauerkonfliktstoff im Lebenskontext der orientalischen Kleinviehhalter sind die stets knappen natürlichen Wasservorkommen in einer sehr rauen Landschaft. Laufend berichtet uns die Bibel von heftigen Streitigkeiten zwischen den

Herdenhaltern Abrahams und den Herdenhaltern der angrenzenden heidnischen Völker beim Kampf um die Rechte an mühsam gegrabenen Wasserbrunnen. Abraham wird dem Leser als Stammesoberhaupt mit hohem diplomatischen Können, Kompromissbereitschaft und konfliktvermeidendem Fingerspitzengefühl präsentiert. Stets geht es ihm darum, die ihm von Gott eingegebene neue Ethik der universellen Nächstenliebe allen Mitbewohnern gegenüber zu dokumentieren. Abraham bedeutet in Hebräisch „Vater vieler Völker", „Vorbild aller Nationen". Er hat durch seine tiefe Bindung an Gott die Maxime seines Lebens gefunden, Gott in allen erdenklichen Lebenssituationen als alleinigen Hausherrn der Schöpfung durch adäquates gottgefälliges Auftreten bekannt zu machen. Abraham als Bundespartner Gottes demonstriert unentwegt, dass es ihm als ersten Monotheisten und Juden auf Erden nicht darauf ankommt, ein materiell bequemes und abgesichertes Leben zu leben, sondern Gott in jeder materiellen Situation zu verherrlichen und auf Erden „zu beheimaten". Abraham wird zum Meister der Konfliktbefriedung. Er tritt dem herrschenden Philisterkönig Abimelech souverän und staatsmännisch gegenüber auf und schließt mit ihm einen für alle Beteiligten sichtbaren Friedens- und Freundschaftsbund. Abraham sucht zu jedem sich präsentierenden Problem und Konflikt eine geeignete friedenstiftende Lösung. In vorliegender Erzählung initiiert er eine symbolische Handlung mit sieben Lämmern, die er dem heidnischen Gegner als freundschaftliche Friedensgabe überreicht. Diese freiwillige Gabe soll Abrahams friedliebenden Geist bei der Aneignung der von seinen Hirten gegrabenen Brunnen veranschaulichen. Abraham tritt nicht dominant und rechthaberisch auf, sondern entschieden und einfallsreich. Er bleibt seinem großen Glaubensbund mit Gott treu – aus diesem erwächst seine innere Verpflichtung, mit den ihm anvertrauten Gegnern versöhnliche Vereinbarungen zu treffen. Abraham wendet sich immer wieder seinem obersten Bundespartner Gott zu, verneigt sich vor ihm und setzt erneut ein symbolisches Zeichen in die Welt. Am Ende der Geschichte pflanzt er einen langlebigen Baum an der Stätte seines Friedenspaktes und weiht ihn dem ewigen Schöpfer zum Ausdruck seiner Loyalität und Geradlinigkeit. Wäre Vater Abraham zu seiner Zeit als Benediktinermönch oder Jesuitenpater geboren, hätte er sich mit Sicherheit die respektiven lateinischen Wahlsprüche der beiden großen abendländischen Orden auf die orientalische Flagge in hebräischer Sprache geschrieben: *ut in omnibus glorificetur Deus* (Damit in allem Gott verherrlicht werde) und *omnia ad maiorem Dei gloriam* (Alles zur größeren Ehre Gottes). Abraham – der erste „Protestant“

(Bekenner, Bekunder) Gottes – und der erste „Benediktinermönch und Jesuitenpater“ im Orient! Das ist eine verheißungsvolle Vision für eine Annäherung der beiden großen Kulturen Morgenland und Abendland.

Der Verwandelte hilft dem Zuverwandelnden

Da sagte der Schwiegervater zu Mose: Es ist nicht gut, wie du das machst. So richtest du dich selbst zugrunde und auch das Volk, das bei dir ist. Das ist zu schwer für dich; allein kannst du es nicht bewältigen. Nun hör zu, ich will dir einen Rat geben und Gott wird mit dir sein.
Das Buch Exodus Kapitel 18, Verse 17-19

Welch eine weise und mutige Intervention, die sich der Schwiegervater des großen Propheten Mose erlaubt! Vor gar nicht allzu langer Zeit noch Heide und Oberpriester eines heidnischen Götzenkultes in der Wüstenregion Midian, erdreistet dieser sich nun, nachdem ihn der Prophet Mose durch seinen radikalen Monotheismus seinem Heidentum entrissen hatte, Mose tiefgreifende Veränderungsvorschläge auszusprechen. Bewundernswert, mit welcher Deutlichkeit und unerschütterlichen Überzeugungskraft der ehemalige Kultvorsteher seinem jüdischen Schwiegersohn Reformvorschläge für die tägliche Rechtsprechungspraxis des sich in der Wüste neu formierenden hebräischen Stammesgemenges erteilt.

Er maßt sich an, seine Empfehlungen Mose gegenüber mitzuteilen. Es geht ihm nicht um eitle Selbstprofilierung, es geht ihm um echte Selbsthingabe. Woher nimmt der fremde Schwiegervater Jitro die innere Gewissheit, die innere Orientierung, um ungebeten dem Mann Gottes neue Richtlinien mit solcher Direktheit und Autorität zu vermitteln, dass jener kommentarlos und kritiklos diese annimmt und umsetzt?

Jitro war ehemals Heide – Sklave einer finsteren Weltanschauung mit ebenso finsteren Wertvorstellungen. Als er seinem künftigen Schwiegersohn Mose in Midian begegnet, erfährt er die lang ersehnte Verwandlung seines bisherigen Lebens. Er begegnet in der Gestalt Mose dem lebendigen und belebenden Gott der Schöpfung, der ihn aus seiner persönlichen kultischen Verstrickung zu befreien vermag. Solche tiefgehenden Transformationserfahrungen verändern das Weltbild und erzeugen neue Einsichten, Einsichten, die weitergegeben werden wollen. Der Verwandelte will anderen

Menschen bei deren anstehenden Verwandlungen behilflich sein. Er will diese beglückende Erfahrung nicht für sich allein behalten, er sucht nach Gelegenheiten, um seine eigenen Inspirationen nach Erneuerung und Befreiung Suchenden zu schenken. Welch großes Phänomen des Lebens – der Befreite, der Erneuerte, hilft dem ehemaligen Befreier und Erneuerer!
Mit bestechender Klarheit erteilt Jitro seinem geliebten Freund und Verwandten Mose Richtlinien für die gerichtliche Neuordnung der Hebräergesellschaft.
Mose ist überwältigt und weist sofort an, die erhaltenen Weisungen umzusetzen. Zwei weise Menschen begegnen einander in Demut vor Gott und weisen sich gegenseitig zurecht – erkühnen sich zu konstruktiver Kritik am Verhalten des anderen. Wenn der Geist der Bescheidenheit und uneigennützigen Dienstbereitschaft Raum im Herzen bekommt, schwindet die Angst vor dem Spenden und Empfangen von Kritik. Es entsteht eine neue gottgesegnete Freiheit, ein Freiraum, in dem wir einander mit unseren je eigenen göttlichen Talenten und Ideen bereichern dürfen – frei von Schamgefühlen und verletzter Eitelkeit. Der Reichtum von Geben und Empfangen wird zur tragenden Grundlage einer allen Beteiligten dienenden Gemeinschaft.

Äußerlichkeit statt Innerlichkeit

Die ganze Erde hatte eine Sprache und ein und dieselben Worte. Als sie ostwärts aufbrachen, fanden sie eine Ebene im Land Schinar und siedelten sich dort an. Dann sagten sie: Auf, bauen wir uns eine Stadt und einen Turm mit einer Spitze bis in den Himmel! So wollen wir uns einen Namen machen, damit wir uns nicht über die ganze Erde zerstreuen.
Das Buch Genesis Kapitel 11, Verse 1-4

Die biblische Geschichte des Turmbaus zu Babel ist die erste überlieferte Geschichte von menschlicher Überheblichkeit und Maßlosigkeit, die in eine Katastrophe mündet. Gemäß biblischem Bericht hatte die Menschheit zur Zeit des Turmbaus zu Babel den Vorzug einer einheitlichen Sprache, die barrierefreie Kommunikation ermöglicht. Das ist eine ideale Voraussetzung, um tiefe menschliche Einheit und Eintracht zu stiften. Doch es geschieht erneut das, was die Bibel uns schon im Rahmen der Geschichte der Sintflut zuvor berichtet: *Der* HERR *sah, dass auf der Erde die Bosheit des Menschen zunahm und dass alles Sinnen und Trachten seines Herzens immer nur böse war* (Genesis Kapitel 6, Vers 5). Obwohl nicht im gleichen Ausmaß wie zur Zeit der Sintflut, sind die Menschen in der Generation des Turmbaus wieder nicht in der Lage, eine menschliche Gemeinschaft auf der Grundlage von Nächstenliebe und Fürsorge zu kreieren. Anstatt gesellschaftliche Wohlfahrt und karitative Werke in den Vordergrund ihres Denkens und Handelns zu stellen, sinnen und trachten die orientierungslosen Menschen nur nach größenwahnsinnigen Projekten, die ihrem maßlosen Drang nach Geltung und Macht dienen.

Zum Ausdruck dieses Größenwahns benennt die Bibel das Unterfangen des pompösen Turmes, der in den Himmel hinaufragen und den Menschen das trügerische Gefühl von Macht, Überlegenheit und Grenzenlosigkeit geben soll. Die Bibel nennt als Motiv für den Bau des größenwahnsinnigen Turmes die Gier der Erdenbürger, sich einen Namen zu machen und sich davor zu schützen, auf der gesamten Erde verstreut zu werden. Das grundlegend menschliche Verlangen nach Ansehen und Anerkennung als auch die natürliche Angst vor Vertreibung und Heimatverlust pervertieren die Menschen in dieser Erzählung in ein zentralistisch gesteuertes Bauvorhaben eines monumentalen Kolosses aus Stein und Beton. Gott selbst vereitelt den eitlen Turmbau der Erdlinge, indem er deren Einheitssprache so verwirrt, dass im Handumdrehen das vermessene Vorhaben völlig kollabiert. Anschaulich und ansprechend lehrt uns die Bibel, dass Konformität von Sprache und fixen Ideen keine Voraussetzung bilden für die Schaffung gesellschaftlicher Normen wie Ethik, Empathie, Sicherheit und Verbundenheit. Menschliche Zivilisation und Kultur entstehen nur durch Pluralität und Diversität menschlicher Äußerungen und Einbringungen – keinesfalls durch aufgezwungene diktatorische Machtbekundungen. Zwei zerbrochene deutsche Diktaturen zeigen uns überdeutlich, dass nur die Vielfalt menschlicher Ideen und Ideale der Garant für gemeinschaftliche Zufriedenheit, Dankbarkeit und Achtbarkeit ist. Streben wir nicht fortlaufend in über-hebliche Höhen – streben wir mehr und mehr in die Weite und Tiefe menschlicher Größe und Würde. Bauen wir gemeinsam eine neue spirituelle Menschlichkeit statt vergängliche materielle Türme und Paläste!

Die Macht der Gastfreundschaft

Melchisedek, der König von Salem, brachte Brot und Wein heraus. Er war Priester des Höchsten Gottes. Er segnete Abram und sagte: Gesegnet sei Abram vom Höchsten Gott, dem Schöpfer des Himmels und der Erde, und gepriesen sei der Höchste Gott, der deine Feinde an dich ausgeliefert hat. Darauf gab ihm Abram den Zehnten von allem.
Das Buch Genesis Kapitel 14, Verse 18-20

Die erste formelle feierliche Gastfreundschaft in der Heiligen Schrift wird uns in der Begegnung zwischen dem Stammvater Abram-Abraham und dem Priester-König der damals bereits mächtigen Stadt Salem, Vorläufer von Jerusalem, berichtet. Der regierende König und amtierende Hohepriester der nicht näher bezeichneten Großstadt hört von Abrahams großem militärischen Erfolg gegen diverse kämpferische kanaanäische Völker, die seinen geliebten Neffen Lot entführten. Der Monarch und Kultrepräsentant zögert keinen einzigen Augenblick, sondern zieht höchstpersönlich dem Stammvater mit Brot und Wein entgegen, um ihn als angesehenen Helden und Verbündeten

zu ehren. Das Darreichen von Brot und Wein galt schon zu Abrahams Zeiten als Bestandteil religiöser Handlungen, die man mit nahestehenden gläubigen Menschen zelebrierte. Der König verbindet die Mahlgemeinschaft mit einem an dieser Stelle unerwarteten kraftvollen Segen an Abraham, in dessen Kontext er sowohl den siegreichen menschlichen Kämpfer als auch den Höchsten Gott, der Abrahams Sieg ermöglichte, in höchsten Tönen preist. Abraham seinerseits reagiert ebenfalls unerwartet großzügig und würdevoll – den zehnten Anteil all seines in der Schrift genannten materiellen Vermögens gibt er dem König und religiösen Würdenträger.
Eine faszinierende Begegnung zweier gleichgesinnter, wesensverwandter Menschen, die eine Brücke der Glaubenskraft und Geistverwurzelung zueinander schlagen. Zwei einander nicht bekannte Führungsautoritäten werden über einen kampfgeprägten Vorgang zueinandergeführt und erkennen augenblicklich ihre tiefe, gemeinsame Grundlage in Gott.
In beeindruckenden Worten schildert uns der biblische Text die Natürlichkeit und Spontaneität ihrer ungeplanten Gemeinschaftserfahrung, die Ausdruck dessen ist, was einander unbekannte Menschen leisten können, wenn sie Gott in die Mitte ihres Denkens und Handelns stellen.
Über alle Unterschiede, Kontroversen und Kon-

flikte hinaus lassen sich im Rückbezug auf unseren Ursprung und Anfang in Gott, in der Kraft seiner spürbaren Nähe, Brücken der Gemeinschaft zueinander bauen. Eine Fülle verbindungstiftender Rituale als Brücken hat die gläubige, bibelgegründete Menschheit über Jahrtausende hierzu entwickelt – von der Feier mit Brot und Wein bis zu zeremoniellen Bündnissen unter Partnern.
Diese Brücken mögen unterschiedlich stabil gebaut sein – aus biblischer Sicht ist es wesentlich, sie in Freude und Fortschrittsgewissheit zu bauen, an dem Ort und zu dem Zeitpunkt, der sich in der gegebenen Situation präsentiert. Werden wir zu mutigen, weltoffenen und neugierigen spirituellen Brückenbauern einer neuen Menschlichkeit!

5

Der Weisheit des Herzens vertrauen

Die Macht menschlicher Gesten

Da lief der Knecht auf sie zu und sagte: Lass mich ein wenig Wasser aus deinem Krug trinken! Trink nur, mein Herr!, antwortete sie, ließ geschwind den Krug auf ihre Hand herab und gab ihm zu trinken. Nachdem sie ihm zu trinken gegeben hatte, sagte sie: Auch für deine Kamele will ich schöpfen, bis sie sich satt getrunken haben. Geschwind leerte sie ihren Krug an der Tränke und lief noch einmal an den Brunnen zum Schöpfen. So schöpfte sie für alle Kamele.

Das Buch Genesis Kapitel 24, Verse 17-20

Ein Kapitel großzügiger orientalischer Gastfreundschaft schlägt die Heilige Schrift vor unseren Augen auf. Eine Frau, die künftige zweite Stammmutter des jüdischen Volkes, entbrennt vor orientalischer Dienstbereitschaft am Nächsten und „überschüttet" den nach langer beschwerlicher Reise aus Kanaan im Hause ihres Vaters angekommenen Hausverwalter Abrahams mit ihrer Hilfsbereitschaft und Warmherzigkeit. Nicht nur den sehr durstigen Hausverwalter versorgt sie mit ausreichend kostbarem knappen Wasser – sie tränkt

unaufgefordert alle mitgeführten zehn Kamele bis zu deren Durststillung mit mühsam selbst geschöpftem Wasser.
Diese unerwartete orientalische Großzügigkeit einer einfachen Frau in einem großen wohlhabenden Haus der entfernten Verwandtschaft Abrahams überrascht und überwältigt den angereisten Hausverwalter Abrahams. Sie lässt ihn eine erste Ahnung bekommen von der inneren Größe und Autorität derjenigen Frau, die später die Ehefrau des zweiten Stammvaters des jüdischen Volkes Isaak werden wird – Rebekka. Aufgrund ihres außergewöhnlich gastfreundlichen Verhaltens erkennt der kluge Hausverwalter, dass diese Frau die geeignete Gattin an der Seite des Sohnes seines Hausherren Abraham sein wird. Unerwartete und unaufgeforderte spontane Gesten der Menschlichkeit sind Indikatoren verborgener, menschlicher Qualitäten und vermögen die Beziehung der involvierten Menschen massiv zu beeinflussen und zu bestimmen. Die Größe solch menschlicher Gesten besteht immer darin, innezuhalten und zu klären, was in der jeweils gegebenen Situation den vor einem stehenden Menschen in seinem Herzen am tiefsten zu berühren vermag. Solche Gesten erfordern ein hohes Maß an persönlicher Empathie, Fantasie und Kreativität, die sich jedoch zum Wohle der harmonischen Gestal-

tung der Beziehung der involvierten Personen brückenbauend auszahlen werden. Der irdische Mensch besteht nicht nur aus einem kühl berechnenden, sachlichen Hirn, sondern auch aus einem emotionalen und spirituellen Herzen, dessen Regungen einen entscheidenden Beitrag leisten zum Gelingen oder Misslingen zwischenmenschlicher Beziehungen. Die biblisch-orientalischen Menschen in ihrer Schlichtheit, Klugheit und Lebensverbundenheit wussten um die wegweisenden, weitreichenden Regungen des Herzens und um die prägenden Gesten der Menschlichkeit. Lassen auch wir uns als Zeitgenossen einer versachlichten, rationalisierten westlichen Gesellschaft von solch einfachen, jedoch mächtigen Gesten inspirieren und motivieren. Einfache kleine und große Gesten zeugen von tiefer und großer Seelenkraft.

Die Macht der Rituale

Als Isaak alt geworden und seine Augen zu schwach waren, um noch etwas zu sehen, rief er seinen älteren Sohn Esau und sagte zu ihm: Mein Sohn! Er antwortete: Hier bin ich. Da sagte Isaak: Sieh! Ich bin alt geworden. Ich weiß nicht, wann ich sterbe. Nimm jetzt dein

Jagdgerät, deinen Köcher und deinen Bogen, geh aufs Feld und jag mir ein Wild! Bereite mir dann ein leckeres Mahl, wie ich es gern mag, und bring es mir! Dann will ich essen, damit meine Lebenskraft dich segne, bevor ich sterbe.
Das Buch Genesis Kapitel 27, Verse 1-4

Eine vordergründig gesehen unspektakuläre Handlung – der im Sterben liegende zweite Stammvater des jüdischen Volkes, Isaak, trägt seinem ältesten Sohn Esau auf, ein gut genährtes Wild zu erjagen, dieses zu einem gekonnt orientalisch-schmackhaften Gericht zuzubereiten und dem sterbenden Vater als letzte Wohltat zu offerieren.
Trotz ihrer vordergründigen Einfachheit ist diese Handlung im biblisch-jüdischen Orient eine heilige Handlung voller Symbolkraft. Der gealterte, greise Stammvater spürt, dass seine körperlichen Kräfte stark schwinden und er sich auf die Ewigkeit vorbereiten muss. Er bittet seinen erstgeborenen Sohn mit ihm eine letzte Mahlgemeinschaft zu zelebrieren, in deren zeremoniellem Verlauf das Materielle mit dem Spirituellen verknüpft werden soll. Der erstgeborene Sohn stellt sein materielles Können ein letztes Mal unter sichtbaren und schmeckbaren Beweis und bekommt im Gegenzug eine große spirituelle Darreichung durch den dahinscheidenden Stammvater – den Segen des

erstgeborenen Sohnes. Dieser heilige Vorgang hat nichts mit geschäftlichem Gebaren gemein – es handelt sich um eine Zeremonie des Loslassens, des Abschiednehmens in Verbindung mit den Gesten des Gebens und Nehmens. Der loslassende Stammvater ist im Begriff, seinem ältesten Nachkommen das kostbarste spirituelle Gut seines Lebens zu überreichen – die Kraft des göttlichen Segens, die sich in seinem Leben reichhaltig bewährt hat. Der Sohn, der sich im materiellen Leben noch eine lange Zeit zu bewähren hat, weiß sich seinerseits angespornt und herausgefordert, seine beste materielle Leistung als große Liebesgabe dem Vater zu überreichen. Der Vater sehnt sich danach, das materiell-existenzielle Leben des hinterbleibenden Sohnes mit seiner gereiften, spirituellen Lebenserkenntnis und seiner fruchtbaren Gottesbeziehung zu begütern – anzureichern mit dem kostbaren Gut des von jedem orientalischen Juden begehrten himmlischen Segens.
Hier begegnen sich zwei aus dem Innersten kommende Liebeshandlungen im orientalischen Leben der jüdischen Nomaden: Die profane Alltagsaktivität eines feierlichen Mahles berührt die sakrale und transzendente Dimension des göttlichen Segens – und diese wiederum berührt die Profanität des gemeinsamen Essens und Trinkens. Beide Beteiligten, Vater und Sohn, sind sich der Ernst-

haftigkeit, der Würde und Größe der Prozedur voll bewusst und handeln infolgedessen ungezwungen ernsthaft und würdevoll.
Auch für Menschen im okzidentalen Lebenskontext unserer Zeit sind solche Rituale der Menschlichkeit und Gegenseitigkeit von größter Bedeutung. Wir leben in einem weitgehend entmenschlichten Zeitalter, in welchem die zwischenmenschlichen authentischen Begegnungen immer mehr hinter Technisierung und Anonymisierung verschwinden. Der gottgeschaffene Mensch – sei er Orientale, sei er Okzidentale – braucht berührende und tiefgreifende Rituale voll bewährter überlieferter Symbolkraft. Sie sind das Geheimnis echten Menschseins und der Garant geistiger Vitalität im Dienst an sich selbst und im Dienst an der Gesellschaft.

Eine kleine große Neugier

Mose weidete die Schafe und Ziegen seines Schwiegervaters Jitro, des Priesters von Midian. Eines Tages trieb er das Vieh über die Steppe hinaus und kam zum Gottesberg Horeb. Dort erschien ihm der Engel des HERRN in einer Feuerflamme mitten aus dem Dornbusch. Er

schaute hin: Der Dornbusch brannte im Feuer, aber der Dornbusch wurde nicht verzehrt. Mose sagte: Ich will dorthin gehen und mir die außergewöhnliche Erscheinung ansehen. Warum verbrennt denn der Dornbusch nicht?
Das Buch Exodus Kapitel 3, Verse 1-3

Wie „scheinbar unscheinbar" die große Berufung des größten Propheten der Juden uns in der Schrift erzählt wird! Da ist die Rede von dem einfachen Schafhirten Mose, der im vertraglichen Dienstverhältnis mit seinem Schwiegervater steht und sich mit einer der gewöhnlichsten Tätigkeiten des orientalisch-biblischen Alltags befasst – dem Hüten der zahlreichen, ihm anvertrauten Schafe seines Schwiegervaters. Jeder Tag mit seiner Pflicht ist mit der gleichermaßen wichtigen, jedoch unspektakulären Routine zu absolvieren. Völlig unvorhergesehen wagt der Hirte Mose eines Tages seine Herde über eine andere Weide in der ewigen Weite der Wüste zu führen – unweit des majestätischen, so bezeichneten Gottesberges Horeb, zu dessen Füßen er viele Jahre später die „Zehn Weisungen" Gottes empfangen wird. In diesem Moment des gewagten Abweichens von der Alltagsroute ereignet sich im Leben des noch jungen unerfahrenen Mannes Mose das zentrale Naturschauspiel, das seinem Lebenslauf eine völlig neue Richtung geben

wird: die Begegnung mit dem brennenden, jedoch nicht verbrennenden Dornbusch inmitten der unwirtlichen Wüste Sinai.
Wiederum berichtet uns die Bibel von Moses großem Staunen und spontan entschlossenem Gang auf das unverständliche Spektakel zu. Getrieben von seiner jugendlichen Neugier und Wissbegierde, spürt er einen vitalen Drang, mit allen Sinnen zu erleben, was sich hinter und im faszinierenden Phänomen des außergewöhnlichen Dornbusches verbirgt. Unter vorübergehender Vernachlässigung seiner Herde bewegt er sich Schritt für Schritt auf den brennenden Strauch zu und begegnet völlig unvermutet dem lebendigen Gott der Väter, der ihn erst mittels eines Engels dann direkt ergreifend anspricht.
Dem Anstoß seiner Neugier, in Verbindung mit der spontanen Entscheidung der Alltäglichkeit kurzweilig den Rücken zuzukehren, ist es zu verdanken, dass der gewöhnliche Hirte zum außergewöhnlichen, multitalentierten Führer und Fürsprecher des jüdischen Volkes werden durfte. „Im Anfang war die Neugier" ist die beste zusammenfassende und zugleich einprägsame Losung unserer „scheinbar unscheinbaren" Berufungserzählung. Eine kleine Dosis Lust auf und Offenheit für das Nichtalltägliche, das Unbekannte, das Wunderbare um uns herum reicht aus, um uns einem neuen spannen-

den Lebensweg, einer neuen erfüllenden Lebensaufgabe gegenübergestellt zu sehen. Ohne diese lebendige Bereitschaft, ein kleines Fenster aus der hergebrachten Lebensweise für das Verwunderliche im Leben zu öffnen, stagniert unser Leben und erstarrt. Die Bibel ist voll solcher dramatischer, lebensverändernder Entwicklungen, die mit einer kleinen Neugier begannen und mit einer großen Entdeckung endeten.

Die tragische Verirrung des Menschen

Gerade deshalb, weil sie mein Volk in die Irre führen und Heil verkünden, wo es kein Heil gibt, weil das Volk eine Mauer aufrichtet und jene sie mit Tünche bestreichen, deshalb sag denen, die sie mit Tünche bestreichen: Sie wird einstürzen. Es kommt ein Wolkenbruch und ihr, ihr Hagelsteine, sollt herabfallen und ein Sturmwind bricht los und siehe, schon stürzt die Mauer ein. Wird man dann nicht zu euch sagen: Wo ist jetzt die Tünche, die ihr aufgetragen habt?

Das Buch Ezechiel Kapitel 13, Verse 10-12

Wer kennt sie nicht, die wohlklingenden Versprechen und glanzvollen Visionen aufgeblasener Scharlatane und Volksbetörer? Damals – zu Zeiten der Zerstörung des ersten Jerusalemer Tempels – wie heute nutzen korrupte, manipulative Verführer die Leichtgläubigkeit der Orientierung suchenden Massen zu ihren eigenen egozentrischen Zwecken. Dabei steht keinesfalls immer das erhoffte Geld im Vordergrund, sondern oftmals Prestige, Bewunderung der Massen und öffentlicher Götzendienst mit Menschen. Solche gefährlichen Volksverführer versprechen schnelle, billige Lösungen aktueller Sorgen und Nöte der Menschen, ohne im Mindesten auf die Ursachen und Hintergründe der Krisen zu blicken, ohne im Geringsten den Menschen durch Korrektur der belastenden Ursachen wahrhaft helfen zu wollen. Solch falsche und inkompetente Erlösungsprediger zogen zur Zeit des Propheten Ezechiel und auch schon zuvor scharenweise durch das jüdische Land. Sie predigten den verunsicherten und verzweifelten Juden angesichts der drohenden Invasion der feindlichen Babylonier falsche Hoffnungen. Im Gegensatz zu dem von Gott bestellten Propheten logen die selbst ernannten Pseudopropheten dem Volk schmeichelnde, betörende Illusionen bezüglich der anstehenden Zukunft vor. Nicht der Appell zur Selbstkorrektur, nicht die dringend gebotene Besserung des eigenen sozialen Verhaltens, nicht die anstrengende, aber lebensrettende Rückkehr und Umkehr zu Gott waren Gegenstand ihrer Predigten, sondern eine populistische, bequeme und verantwortungslose Bagatellisierung der herrschenden verheerenden sozialen Missstände im Land.

Der verantwortungsvolle Gesandte Gottes hingegen predigt dem Volk nie den leichten, mühelosen und rosaroten Weg, der zur Abwendung der Katastrophe führen wird, sondern fordert von seinem ihm am Herzen liegenden Volk stets den mühevollen Einsatz der eigenen geistig-religiösen Ressourcen, um die Fehlentwicklungen in der Gesellschaft ernsthaft zu beseitigen und Gottes liebevolle Zuwendung zu bewirken. Der wahre Gesandte Gottes sieht nicht seinen persönlichen Glanz und sein Prestige – er sieht die göttliche Sendung im Vordergrund seines Wirkens. Er hat ein authentisches Interesse an der grundlegenden Besserung seines Volkes, er predigt die fundamentale Erneuerung der zerrütteten Gesinnung im Gegensatz zu den zahlreichen Glanzpropheten, die die Not der Menschen für ihre selbstsüchtige Profilierung ausbeuten. Das betörte Volk ließ sich damals wie heute von leeren, fassadenhaften Versprechen in eine Pseudosicherheit verführen und schenkte dem wahren, unbequemen Propheten kein Gehör. Daher warnt der leidenschaftliche Bote Gottes

vor der Illusion der selbst errichteten inneren wie äußeren Mauern. Gottes Kraft vermag jede Mauer aus Eigensinn, Engstirnigkeit und Egoismus einzustürzen – wenn die sie bauenden Menschen unter keinen Umständen erkennen wollen, dass kein einziger listiger Schutzmechanismus auf Erden sie vor der radikalen Selbstkorrektur schützen wird.
Unser Text ruft wortgewaltig dazu auf, sich nicht zufrieden zu geben, weder mit Selbsttäuschung und Banalisierung („es wird nicht so schlimm kommen ...") noch mit Weltflucht bzw. Luftschlösserharmonie im Angesicht akuter gesellschaftlicher Krisen. Der Gott der Bibel fordert in allen geschichtlichen Epochen zu einer schonungslosen, nüchternen Bestandsaufnahme des eigenen menschlichen Versagens und zu einer auf seiner Liebe und Barmherzigkeit gründenden Erneuerung auf. Die göttliche Ebenbildlichkeit des Menschen gibt dem verirrten Menschen unendliches Umkehrpotenzial. Es liegt an ihm, davon Gebrauch zu machen.

Skeptisches Lachen

Abraham und Sara waren schon alt. [...] Sara lachte daher still in sich hinein und dachte: Ich bin doch schon alt und verbraucht und soll noch

Liebeslust erfahren? Auch ist mein Herr doch schon ein alter Mann! Da sprach der HERR zu Abraham: Warum lacht Sara und sagt: Sollte ich wirklich noch gebären, obwohl ich so alt bin? [...] Sara leugnete: Ich habe nicht gelacht. Denn sie hatte Angst. [Der Herr] aber sagte: Doch, du hast gelacht. [...] Sara aber sagte: Gott ließ mich lachen; jeder, der davon hört, wird mir zulachen. Wer, sagte sie, hätte Abraham zu sagen gewagt, Sara werde noch Kinder stillen? Und nun habe ich ihm noch in seinem Alter einen Sohn geboren.

Das Buch Genesis Kapitel 18, Verse 11-15 und Kapitel 21, Verse 6-7

Eine eigenartige, peinliche Geschichte im ersten Buch der Heiligen Schrift eröffnet sich vor uns – das ungläubige Lachen einer gealterten Frau, Sara, der ersten Stammmutter des jüdischen Volkes, die es nicht verarbeiten kann, in ihrem fortgeschrittenen Alter von neunzig Jahren ein Kind, ihr erstes Kind, durch Gottes Verheißung zu gebären. Stammmutter Sara ist so überwältigt von der göttlichen Ankündigung der Geburt ihres langersehnten Kindes, dass ihr eine völlig natürliche menschliche Reaktion entfährt – das spontane Lachen, das Belachen der Vorstellung, nach so langer Zeit des bedrückenden Wartens tatsächlich ein Kind zu gebären und zu stillen. Bezeichnend an unserer Erzählung ist der Umstand, wonach Sara selbst ein Peinlichkeitsgefühl empfindet hinsichtlich ihres eigenen Lachens, dieses folglich betroffen leugnet, jedoch von Gott aufgefordert wird, ihr Lachen deutlich zu bekennen. Die Heilige Schrift mit ihren vielen Erzählungen ist ein Buch des Lebens. Sie zeichnet das pralle orientalische Leben mit seinen vielen Handlungen und Unterlassungen, Krisen und Glanzstunden, Höhe- und Tiefpunkten für alle Generationen nach. Menschliche Abgründe und Abstürze haben genauso ihre Berechtigung im Reigen der biblischen Erzählungen wie niederste menschliche Beweggründe und anstößige impulsive Antriebskräfte. So auch das spontane befreiende Lachen einer gealterten Stammesrepräsentantin, die mit ihrem sachlichen Verstand nicht einordnen kann, was ihr gläubiges Herz ihr vermitteln möchte. Der biblische Text will dem seit Menschengedenken bestehenden Konflikt zwischen Kopf und Herz, zwischen Vernunft und Glauben, in pointierter erzählerischer Breite Raum geben. Vor dem Hintergrund der rational-kühlen Sachlichkeit ist es in der Tat lachhaft, wenn eine neunzigjährige Frau ein Kind auf völlig natürlich-biologischem Wege gebären und erziehen soll. Die Lächerlichkeit dieser „un-glaublichen" biologischen Einmaligkeit – dieses in der Tat „wunder-vollen" Geschehnisses – wird biblischerseits ausdrücklich unterstützt und gefördert. Sara muss sich nicht schämen und muss nicht verleugnen, dass ihr begrenzter Verstand diese Ankündigung Gottes belächelt und gering schätzt. Nach Abschluss dieser Szene und bei Erreichen ihres neunzigsten Lebensjahres gebiert die Matriarchin in der Tat ihren lange erwarteten ersten und einzigen biologischen Sohn, dem ihr ebenfalls gealterter Ehemann Abraham gemäß Gottes Auftrag den markanten Namen Isaak – auf Hebräisch „er wird lachen" – gibt. Die überglückliche Mutter verkündet ihr großes Mutterglück während der obligatorischen Beschneidungsfeier des Sohnes vor allen geladenen Gästen mit Worten tiefer, aus ihrem Innersten kommender Ergriffenheit im Angesicht ihrer ursprünglichen Kleingläubigkeit. Die eingetretene „un-glaubliche", ungeglaubte Erfahrung der Geburt hat Sara eines Besseren belehrt. Das weise, wissende Herz hat über den begrenzten Verstand gesiegt. Um diesen Herzenssieg zu dokumentieren und für alle Zeiten zu verewigen, ist Abraham gehalten, den Namen des Sohnes Isaak nach dem Lachen der Mutter Sara zu benennen. Der Name Isaak drückt nicht nur aus, dass Mutter Sara lachte, sondern dass auch ihr Gott der Schöpfer mit ihr lachte, sich mit ihr in ihrem Lachen solidarisierte, um die Begrenztheit ihres menschlichen Verstandes im Hinblick auf Glaubensfragen zu belächeln. Wie sagt der Volksmund so treffend: „Wer zuletzt lacht, lacht am besten“ und – es sei hinzugefügt - am nachhaltigsten, siegreichsten und am glaubensstärksten.

Das Fremde lieben lernen

Er, dein Gott, verschafft Waisen und Witwen ihr Recht. Er liebt die Fremden und gibt ihnen Nahrung und Kleidung – auch ihr sollt die Fremden lieben, denn ihr seid Fremde in Ägypten gewesen.
Das Buch Deuteronomium Kapitel 10, Verse 18-19

Die Heilige Schrift hat in ihrem gesamten Verlauf drei gesellschaftlich benachteiligte Gruppen im besonderen Blick: die Witwen, die Waisen und die Fremden in den eigenen Toren. So sehr die Bibel in vielen Geschichten die herausragenden Aktivitäten der prominenten Akteure und Akteurinnen in den Vordergrund stellt, so wenig unterlässt sie es, zu keinem Zeitpunkt die Anerkennung und besondere Sorgfaltspflicht den vernachlässigten Gruppen in der Gesellschaft gegenüber von den Begünstigteren einzufordern. Deutlich wird, dass die Fremden in der Gemeinschaft besonderes Augenmerk genießen, wobei uns die Schrift dazu die treffende

Begründung mitteilt: Das jüdische Volk, dem im vorliegenden Text angekündigt wird, das Heilige Land Kanaan eines Tages zu betreten, machte in seiner frühesten Entwicklungsgeschichte, während seiner vierhundertjährigen Versklavung im fremden Ägypten, die eigene bittere und unvergessliche Erfahrung des Fremdseins. Laut biblisch-göttlicher Pädagogik muss diese Ur-Erfahrung des jüdischen Kollektivs im tradierten Volksgedächtnis unter allen Umständen erhalten bleiben – im konkreten alltäglichen Umgang mit dem jeweils aktuellen Fremden vor der eigenen Türe. Obwohl das jüdische Volk durchgängig in der Entwicklung seiner langen Geschichte, die uns die Heilige Schrift dokumentiert, zum erwählten Volk von Gott ernannt und berufen worden ist, bleibt ihm die wichtige Aufgabe der Versorgung von Witwen, Waisen und Fremden keinesfalls erspart. Ganz im Gegenteil zeichnet sich die Berufung zum erwählten Volk Gottes dadurch aus, dass diese göttliche Gabe als Aufgabe, als Dienst und als Verantwortung dem Nächsten gegenüber zu verstehen ist. Die Bibel trägt uns deutlich auf, den Fremden in unserer Mitte materiell und spirituell zu versorgen, ihm geschwisterlich zu begegnen, bis wir dazu innerlich gelangen, ihn zu lieben. Wenn wir unsere antirationalen Feindbilder und eingeprägten Negativvorstellungen dem Fremden gegenüber radikal

und rigoros überwinden, praktizieren wir uns selbst gegenüber einen humanistischen Dienst der großen Selbstliebe. Die Begegnung mit dem Fremden wird somit zu einem Sprungbrett zur Begegnung mit uns selbst – zur Begegnung mit unserer eigenen Angst und Unsicherheit im Umgang mit dem unbekannten Neuling. Sie fördert und fordert somit unser eigenes Wachstum zu einer reiferen und einsichtsvolleren Persönlichkeit im Dienste Gottes des Schöpfers und der gesamten Schöpfung.
Das kraftvolle Wort Gottes lädt dazu ein, dem Fremden die eigenen bedrohlichen und gefährlichen inneren Assoziationen zu entreißen und das „bereinigte" Fremde stattdessen mit einer willkommenen Herausforderung zu neuen Erfahrungen im Umgang mit dem Leben in erweitertem Sinn zu verknüpfen.
Mein weltberühmter Vater Pinchas Lapide pflegte zeit seines Lebens zu betonen, dass jeder von uns menschlichen Wesen zu einem bestimmten Zeitpunkt, an einem bestimmten Ort, unter bestimmten Umständen ein Fremder ist, sobald wir unsere angestammte Scholle verlassen, um das Neue und Fremde kennenzulernen – sei es gezwungenermaßen durch lebensgefährdende Naturkatastrophen, politische Diktatur, berufliche Erfordernisse oder durch frei gewählte Reisen und Urlaube. Das Fremdsein wohnt uns inne – lieben wir es, achten wir es, nutzen wir es!

Geist und Materie miteinander verbinden

Der HERR sprach zu Mose: Siehe, ich habe Bezalel, den Sohn Uris, den Enkel Hurs, vom Stamm Juda, beim Namen gerufen und ihn mit dem Geist Gottes erfüllt, mit Weisheit, mit Verstand und mit Kenntnis für jegliche Arbeit: Pläne zu entwerfen und sie in Gold, Silber und Kupfer auszuführen und durch Schneiden und Fassen von Steinen und durch Schnitzen von Holz allerlei Werke herzustellen.
Das Buch Exodus Kapitel 31, Verse 1-5

Welch wunderbare beglückende Erfahrung ist es, von Gott, dem übernatürlichen Ursprung unseres Lebens, eine Berufung auf Erden zu bekommen und ihr gemäß handeln zu dürfen! In unserer Bibelperikope ist nicht allein der Prophet Mose mit allen göttlichen Fähigkeiten und Talenten ausgestattet, um beim gewaltigen Bau des neuen Heiligtums in der Wüste zu wirken – auch seine Freunde, Verbündeten und Verwandten erfahren die überwältigende Gnade der Aussonderung und Qualifizierung aus Gottes mächtigem Munde. Es ist ein aufrüttelndes Erlebnis im Leben des berufenen Verwandten Moses – Bezalel aus dem großen

Stamm Juda –, in seinem Innersten erkannt worden zu sein, um an einem großen irdischen Werk teilhaben zu dürfen. Der Schöpfer des Lebens offenbart sich dem vergänglichen Menschen, der nach nützlichem Einsatz während seines kurzen Erdendaseins sucht, mit dem Bewusstwerden latenter Eigenschaften, die ihn jenseits aller Alltäglichkeiten zu einer zeitübergreifenden Aufgabe, einem zeitlosen Werk inspirieren wollen. Bezalel, ein bislang unbekannter, am Rande der hebräischen Nomadengesellschaft in der Wüste positionierter Mensch, erkennt seine göttlich-irdische Einmaligkeit durch Gottes Ruf an ihn, seine brachliegenden Geistreserven zum Wohle eines einmaligen Werks zu wecken. Genau durch solche geistgeladenen Bewusstwerdungsmomente erlebt der wach gerüttelte Homo sapiens seine einzigartige Partnerschaft mit Gott, seinem Schöpfer. Eine Partnerschaft, die wörtlich und ernst gemeint ist, die dem biblischen wie heutigen Menschen offenbaren möchte, wie wichtig, wie zielgerichtet, wie nützlich menschlich-schöpferisches Gestalten auf Erden ist. Solche Erleuchtungsmomente sind keinesfalls auf biblische Zeiten und Personen beschränkt. Sie ereignen sich zu jedem Zeitpunkt und an jedem Ort, an dem Menschen spüren, dass sie unendlich mehr sind als gut geölte Maschinen und Roboter, die mechanische Handlungen verrichten und mehr nicht. Der Mensch im biblisch-jüdischen Verständnis, ob Jude, Christ oder Moslem, ist nicht nur ein rein säkular zu definierendes „wissendes Wesen", der Homo sapiens. Er ist in seiner innersten und obersten Dimension ein *Homo spiritualis* – ein mit göttlich ewigem Geist begnadetes Geschöpf, dessen vorübergehend verkörperter lebendiger Geist danach lechzt, sich in der Materie zu verewigen, sich in der Vergänglichkeit des fleischlichen Daseins zu „vergeistigen". Auch der jüdische Evangelist Johannes wusste sehr deutlich darum und lässt Rabbi Jesus aus Nazaret folgende unsterblichen Worte aussprechen: *Der Geist ist es, der lebendig macht; das Fleisch nützt nichts. Die Worte, die ich zu euch gesprochen habe, sind Geist und sind Leben* (Johannes 6,63).

Der trügerische Glanz der Fassade

Der HERR aber sagte zu Samuel: Sieh nicht auf sein Aussehen und seine stattliche Gestalt, denn ich habe ihn verworfen; Gott sieht nämlich nicht auf das, worauf der Mensch sieht. Der Mensch sieht, was vor den Augen ist, der HERR aber sieht das Herz.
Das 1. Buch Samuel Kapitel 16, Vers 7

Wie oft im Leben lassen wir uns vom äußeren Schein blenden, täuschen, trügen gar betrügen? Der Glanz der Erscheinung schaltet allzu oft die kritisch-reflektierende Beachtung und Betrachtung aus.
Woran liegt das? Es liegt daran, dass wir Menschen uns aufgrund unserer Sinneseindrücke darauf konditioniert haben, diese äußeren Wahrnehmungen als alleinige Quelle der Erkenntnis zu werten. Was gut aussieht oder sich gut anhört, was überwältigende Sinneseindrücke übermittelt, stellt eine gute und richtige Wahl dar. Die Bibel konfrontiert uns mit einer anderen – einer tiefgründigen und inwendigen Sicht der Welt der Erscheinungen. Es ist die Welt des weisen, weiten Herzens, die Welt der Unsichtbarkeit, die Welt der Innensicht, die ihre

eigenen Bewertungskriterien heranzieht.
In unserer Bibelstelle verwirft Gott die von den beteiligten Personen allzu schnell getroffenen Äußerlichkeitsentscheidungen und führt die Akteure in die Ebene der verborgenen Eigenschaften und Talente, die sich dem materiell fixierten Auge komplett entziehen. „Das Herz hat Gründe, die dem Verstand (und den ihn prägenden Augen und Ohren) unbekannt sind", erkannte der französische Mathematiker, Physiker und Theologe Blaise Pascal, der sich den größten Teil seines Lebens in Paris mit der Welt der äußeren Formen und Figuren befasste, bis ihn die größte Glaubenskrise seines Lebens ereilte und eines Besseren belehrte. Die authentischen und beständigen Eindrücke menschlicher Eignungen und Stärken lassen sich nur durch Befragen der dafür zuständigen Herzinstanz ermitteln. Der Schöpfer des Lebens selbst lehrt uns, in entscheidenden Situationen die trügerische Sinnes- und Verstandesebene zu verlassen und statt ihrer die Herzebene zu betreten, um gereifte Herzentscheidungen zu treffen. Trauen wir uns und folgen wir dem Meister – verwandeln wir uns in herzlichere und herzerfülltere Geschöpfe! Die Folgen werden, so verspricht uns die Bibel, nicht lange auf sich warten lassen.

6

Den Blick für das große Geschehen weiten

Menschen brauchen Symbole

Jakob kam nach Lus, das im Land Kanaan liegt und jetzt Bet-El heißt. [...] Er baute dort einen Altar und nannte die Stätte Gott von Bet-El; denn auf der Flucht vor seinem Bruder hatte Gott sich ihm dort offenbart. Debora, die Amme Rebekkas, starb. Man begrub sie unterhalb von Bet-El unter der Eiche. Er gab ihr den Namen Träneneiche. [...] Jakob richtete an dem Ort, wo Gott mit ihm geredet hatte, ein Steinmal, einen Gedenkstein, auf. [...] Jakob gab dem Ort, an dem Gott mit ihm geredet hatte, den Namen Bet-El.
Das Buch Genesis Kapitel 35, Verse 6-7 und 13-15

Welch bewegende Geschichte dokumentiert uns die Heilige Schrift – ein Mann kehrt zurück an den Ort, an dem er eine tiefgreifende Begegnung mit seinem Gott in einer unvergesslichen Situation hatte, und kennzeichnet diesen Ort für alle künftigen Generationen als seine persönliche Stätte der göttlichen Begegnung und Transformation. Jakob, der dritte Stammvater des jüdischen Volkes, begegnet seinem Gott erstmalig während der Flucht ins Exil in Mesopotamien, um seinem mordlustigen Bruder Esau zu entkommen. Nach zwanzig Jahren bitterer Trennung von seiner Ursprungsfamilie in Kanaan darf er mit seiner neu gegründeten, großen hebräischen Familie in das Land der Väter zurückkehren. Er bekommt von Gott den Auftrag, an dieser Stätte der Trennung von seiner Vergangenheit und des Anfangs seiner neuen Zukunft ein deutliches Zeichen zu setzen. Jakob gibt jenem Ort den Namen Bet-El – Haus Gottes. An jenem Ort in der Wüstenregion zwischen Kanaan und Ostjordanland darf er erstmalig die bergende, behütende, befreiende und Bedeutung gebende Nähe Gottes erleben – eine Offenbarung Gottes, die seinem weiteren Leben einen neuen Sinn und eine neue Berufung geben soll. Um zu verhindern, dass diese epochale Erfahrung aus seiner Erinnerung und aus der Erinnerung seiner Nachfahren entschwindet, errichtet Jakob sowohl einen Altar als auch einen Gedenkstein und weiht diesen äußerlich völlig unscheinbaren Platz mit dem heiligen hebräischen Namen Bet-El seinem Gott der Begleitung und Berufung. In der Bibel begegnen wir häufig äußerlich unauffälligen Plätzen, an denen die großen Gestalten der Bibel mit ihrem Gott der Offenbarung tiefgreifende Erfahrungen machen, mit denen sie nicht im Entferntesten rechneten. Um dieses Phänomen der Unvorhersehbarkeit und der Einmaligkeit für die Nachwelt unvergesslich in Erinnerung zu erhalten, errichten diese Menschen Monumente, die die spontane Einmaligkeit in bleibende Ewigkeit verwandeln sollen. Die Vergänglichkeit jeder großartigen Begegnung mit dem transzendenten Gott des Lebens und der Lebenserneuerung wird durch solche materiellen Zeichen zu unvergänglichen und dauerhaften Symbolen gelebten Lebens auf Erden. In unserem Text wird zusätzlich berichtet, dass die Amme der Mutter Jakobs, Debora, während Jakobs Reise nach Bet-El verstarb und unweit dieses großen Ortes begraben wurde. Die Erinnerung an diese für Jakobs Mutter Rebekka während seiner eigenen Kindheit so wichtigen Frau will der Stammvater verewigen und benennt die Eiche, unter der sie begraben wird, Träneneiche. Die Heilige Schrift vermittelt uns in zahllosen Begebenheiten, wie sehr die Menschen der Bibel davon durchdrungen waren, Zeichen in die Zeit und die Materie zu stellen, um äußerlich vergänglichen Erfahrungen mit den Mitmenschen und dem ewigen Gott unvergängliche Bedeutung zu geben. Die Bibel, das zeitlose Zeugnis menschlichen Geistes und menschlicher Seele, lehrt uns, dass es zu einem Urbedürfnis des Menschen gehört, das Leben auf Erden mit seinen turbulenten Höhen und Tiefen in Stationen und Wegmarken einzuteilen und für die nachfolgenden Generationen zu bezeichnen. Das individuell gelebte Leben dient mit solchen Kennzeichnungen, mit beredten Bezeichnungen dem

Kollektiv der Nachwelt als Zeugnis mutmachender, motivierender und inspirierender Auszeichnungen.

Die Kunst, zuzupacken und loszulassen

Gott sah alles an, was er gemacht hatte: Und siehe, es war sehr gut. Es wurde Abend und es wurde Morgen: der sechste Tag. So wurden Himmel und Erde und ihr ganzes Heer vollendet. Am siebten Tag vollendete Gott das Werk, das er gemacht hatte, und er ruhte am siebten Tag, nachdem er sein ganzes Werk gemacht hatte. Und Gott segnete den siebten Tag und heiligte ihn; denn an ihm ruhte Gott, nachdem er das ganze Werk erschaffen hatte.
Das Buch Genesis Kapitel 1, Vers 31 und Kapitel 2, Verse 1-3

Wir befinden uns am Anfang der biblischen Geschichte, der Schöpfung von Himmel und Erde. Gott der Schöpfer hat während der sechs Tage des tradierten Schöpfungsprozesses alle wesentlichen Bestandteile unserer irdischen Schöpfung erschaffen und am Abend des sechsten Tages zum Abschluss gebracht. Im Gegensatz zu allen vorangegangenen fünf Schöpfungstagen – erster Tag, zweiter Tag, dritter Tag etc. – wird der sechste Tag mit dem bestimmten Artikel „der sechste Tag" bezeichnet. Mit welchem biblischen Hintergedanken? Warum betont die Bibel, Gott habe am siebten Tag sein Werk abgeschlossen, wenn uns doch vorangehend mitgeteilt wird, die göttliche Schöpfungstätigkeit sei schon am sechsten Tag in den Abendstunden abgeschlossen worden? Warum muss der Schöpfer des Lebens am siebten Tage ruhen von seiner Werktätigkeit? Gleicht Gott dem vergänglichen Menschen, der an seine Erschöpfungsgrenze kommt und der Erholung bedarf? Warum segnet und heiligt Gott der Schöpfer den siebten Tag? Was birgt dieser besondere Tag in sich, um gesegnet und geheiligt zu werden? Die Beantwortung dieser zentralen Fragen wird uns ein tiefes Verständnis über die Polarität von Werken und Ruhen, Ausdehnung und Rückzug im menschlichen Leben geben.

Das Grundprinzip der göttlichen Schöpfertätigkeit während der sechs Tage und des Ruhens am siebten Tag bildet das Modell menschlichen Lebens auf Erden – mit seiner elementaren Dynamik von Arbeit und Ruhe. Aus biblischer Sicht lebt uns Gott vor, wie die den Menschen ein Leben lang begleitende Beziehung zwischen Kreativität und

Kontemplativität gestaltet werden soll. Der irdische Mensch ist gerufen, während sechs Tagen in der Woche intensiv in der Materie schöpferisch tätig zu werden, die gottgegebenen materiellen Ressourcen zu nutzen, um kreative Projekte zum Wohle der Menschheit zu leisten. Zum Abschluss der sechstägigen Werktätigkeit ist der Mensch ebenso berufen, die Materie loszulassen und in die Welt des Geistes und der Innerlichkeit einzutauchen. Das Zeitverhältnis ist klar vorgegeben: Der Mensch darf und soll sechsmal so viel in der äußeren Welt wirken, wie er in der inneren unsichtbaren Welt gehalten ist, Abstand zu nehmen und mit sich selbst und seinem Schöpfer in Beziehung zu treten. Das Ruhen im biblischen Verständnis bedeutet keinesfalls körperlich regenerieren oder faulenzen, sondern vielmehr auf der inneren spirituellen Ebene Reichtümer und innere Fülle entdecken.
Die Segnung und Heiligung des siebten Tages, des Schabat, bedeutet nach dem hebräischem Originaltext eine besondere göttliche Kraft- und Lichtverleihung in Verbindung mit der Würdigung und Ausstrahlung dieses besonderen siebten Tages. Gott der Schöpfer stattet diesen Tag, diesen einen einzigartigen Tag der Woche, mit einer spirituell geweihten Energie aus, die den Menschen, der sich in das besondere Kraftfeld dieses Tages hineinbegibt, mit Gott und dem Geheimnis der

Schöpfung aufs Tiefste zu verbinden vermag. Erst durch Gottes wohlwollende Betrachtung seines abgeschlossenen Schöpfungsprozess am siebten Tage kommt die gesamte zurückliegende Arbeit zum Ziel und zum Abschluss. Es bedarf laut biblischer Mitteilung des kontemplativen schabatlichen Rückblicks Gottes (und des Menschen) auf die vergangene kreative Woche in der Materie, um überzeugt loszulassen und sich auf das Erlebnis des Geisttages einzulassen. Gott ruht, weil Er uns vorleben möchte, wie wichtig der Abstand zur Werktätigkeit ist, um wahrhaft Mensch, um wahrhaft göttlich und innerlich wie äußerlich frei zu werden. Die Spezifikation „der sechste Tag" will dem Leser bedeuten, dass die gesamte Schöpfung auf den Abschluss am Abend des sechsten Tages zusteuert. Der gesamte kreative menschliche Leistungsprozess der Sechs-Tage-Woche sehnt sich danach, mit Abschluss des sechsten Tages zum Stillstand zu kommen. Weder ist es aus biblischer Sicht gewollt, sieben Tage in der Woche unermüdlich zu werken noch sechs Tage zu ruhen und an einem Tag materiell tätig zu sein. Es gilt, das biblisch vorgegebene Verhältnis von sechs zu eins zum Wohle der eigenen seelischen Stabilität und Entfaltung zu beachten. Der Mensch, der zu innerer Freiheit und Frieden, zu innerer Zufriedenheit und zum beglückenden Einklang mit der großen

Schöpfung kommen will, ist aufgefordert, diese Leitidee der äußeren Anstrengung und Kreativität mit anschließendem Loslassen und kontemplativer Rückschau ernst zu nehmen. Mit diesen weisen, wegweisenden Worten regt uns die Heilige Schrift an, Gewinn und Genuss keineswegs nur in der vergänglichen Welt der Materie zu suchen, sondern ganz im Gegenteil, in der während der Werkwoche stark vernachlässigten inneren Welt von Geist und Seele unentdeckte Schätze zu heben. Wer weise ist und wer weise werden möchte, ist eingeladen, im Buch der Bücher das aus Gottes Munde verkündete Schöpfungsleitbild zu beherzigen und mit der Kraft des denkenden Herzens tief in sich aufzunehmen. In ver-rückten Zeiten wie den unseren, in denen so viele Menschen die lebenserhaltende Balance zwischen Besessenheit nach Arbeit und Bedächtigkeit verloren haben, ist dieses Leitbild das heilende und rettende Gebot der Stunde.

Jenseits von Leistungszwang und Arbeitsdrang

Der HERR sprach zu Mose: Sag den Israeliten: Ihr sollt meine Sabbate halten; denn das ist ein

Zeichen zwischen mir und euch von Generation zu Generation, damit man erkennt, dass ich, der HERR, es bin, der euch heiligt. […] Sechs Tage darf man arbeiten; der siebte Tag aber ist Sabbat, heilige Ruhe für den HERRN. […] Denn in sechs Tagen hat der HERR Himmel und Erde gemacht; am siebten Tag ruhte er und atmete auf.
Das Buch Exodus Kapitel 31, Verse 12-17

Eine majestätische Beschreibung des abgeschlossenen göttlichen Schöpfungsprozesses wird uns in der Heiligen Schrift als Grund zur Einhaltung des wöchentlichen Ruhetages Schabat präsentiert. Gott hat die Schöpfung mit all ihren vielfältigen Einzelheiten nach seinem sechstägigen Wirken zum feierlichen Abschluss gebracht.
Der endgültige und feierliche Abschluss findet jedoch erst dann statt, wenn Gott das gesamte Schöpfungswerk heiligt und es in die Obhut des zu heiligenden Menschen, für den es bestimmt ist, übergibt. Heiligung bedeutet in der jüdischen Tradition Unterordnung jeder materiellen Leistung als auch des schöpferischen Menschen unter Schutz und Fürsorge der übergeordneten göttlichen Instanz, damit Mensch und Materie dauerhaft Bestand und Entwicklungskraft beschieden werden möge.
Im Text wird Gott als ein Ruhender am siebten Tag benannt. Gott zieht sich markant zurück von der

Last der Mühe des sechstägigen Schöpfungswerkes. Hat der souveräne Gott es tatsächlich nötig, wie ein werktätiges menschliches Geschöpf nach getaner Tat erschöpft zu sein und nach Ruhe zu verlangen? Warum – Wozu zeigt uns die Heilige Schrift einerseits einen überragenden geheimnisvollen Gott, der die Fülle der majestätischen Schöpfung während sechs Tagen zur Vollendung bringt, andererseits den siebten Tag menschlich erschöpfungsbedingt zur Ruhe benötigt?

Die Antwort auf diese sich aufdrängende Frage geben uns die beiden hebräischen Worte, die den deutschen Ausdrücken „ruhte er und atmete auf“ zugrunde liegen – SCHAWAT WAJINAFASCH. Die beiden hebräischen Worte, die ausschließlich im Kontext des biblischen Schöpfungsberichtes benutzt werden, bezeichnen keinesfalls eine rein körperlich-geistige Erholung nach getaner körperlich-geistiger Leistung, sondern vielmehr eine Wiederbelebung, eine Neubeseelung, eine ganzheitliche Neuerschaffung von Geist und Körper. Die beiden Begriffe beinhalten ein entschiedenes Loslassen des materiellen Schöpfungsprozesses zugunsten einer Hinwendung zur geistig-seelischen Mitte unserer göttlich-menschlichen Existenz. Gott wird zielbewusst in menschlichen Begriffen als werktätiges Wesen dargestellt, das am Ende des sechsten materiellen Tages in eine neue spirituelle Identität überwechselt. Der so porträtierte Gott dient dem gottgeschaffenen Menschen als Ansporn, als Vorbild zur Nachahmung des schöpferischen Prinzips von Kreativität und Rekreation: Dem zur Kreativität berufenen Menschen wird aufgetragen, im Rhythmus von Sechs und Eins sechs Tage im äußerlichen Rahmen tätig zu werden, um sich anschließend auf seine unsichtbare Innenwelt zu verlagern und dort einen Tag lang eine ganz andere Ebene der Kreativität, die die englische Sprache treffend mit Rekreation (Neuerschaffung) bezeichnet, zu entdecken. Ein großer Aufruf in unsere zeitgenössische arbeitsbesessene Gesellschaft, in der unendlich viele menschliche Geschöpfe den Zweck und die Richtung ihres getriebenen Schaffens verloren haben. Die Bibel lehrt, dass das aus-wendige materielle Schaffen unbedingt in ein in-wendiges Ruhen in Verbindung mit Erschaffen innerer Schätze einhergehen muss, um wahrhaft Mensch zu werden. Im Prozess des äußeren wie inneren Ruhens am siebten Tag entdeckt der Abstand nehmende Mensch seine wahre menschlich-göttliche Größe als Berufener des Schöpfers, als geistiges Wesen, dessen Ursprung und Bestimmung weitab von hektischer Betriebsamkeit und mechanischem Funktionieren liegen.

Die große Einheit der Menschen

Haben wir nicht alle denselben Vater? Hat nicht der eine Gott uns erschaffen? Warum handeln wir dann treulos, einer gegen den andern, und entweihen den Bund unserer Väter?
Das Buch Maleachi Kapitel 2, Vers 10

Ein faszinierender Appell des letzten Propheten der reichen prophetischen Literatur des Ersten Testaments. Im Angesicht ungelöster Geschwisterrivalitäten im judäischen Südreich sowie stets neu aufflammender Gehässigkeiten untereinander mahnt der empörte Prophet die verblendeten Menschen seiner Zeit an, ihre Augen endlich für die Erkenntnis der göttlich gebotenen Menschlichkeit zu öffnen. Die Menschen sind dermaßen abgesunken in ihre finsteren, egozentrischen Begierden und götzendienerischen Zügellosigkeiten, dass sie nicht mehr erkennen, worin ihr entsetzliches Unrecht und ihre Untreue besteht. Der Prophet schreit der orientierungslos gewordenen Gesellschaft in provokanter, dreifach formulierter Fragestellung deren Versagen unbeschönigt ins Gesicht! Wie konnten die Bundespartner des einen Gottes der radikalen Nächstenliebe von ihrem gottaufgetragenen Ideal so sehr abstürzen? Die prophetische

Antwort ist einfach und bestechend zugleich – durch überhebliches Vergessen, durch selbstherrliche Nachlässigkeit und durch beschämende Gleichgültigkeit! Und doch ist der zornige Prophet voller Gewissheit, dass sein verblendetes, jedoch stets geliebtes Volk die brennende Botschaft versteht, verinnerlicht und zur unverzichtbaren Menschlichkeit zurückkehrt. Auch uns und insbesondere in unserer verwirrten Zeit will der dringende und drängende prophetische Appell ins ur-menschliche Gewissen reden! Wenn wir inmitten unserer alltäglichen Konflikte und Intrigen zur Erkenntnis aufwachen, dass uns ein mächtiges unzerstörbares Band der Kindschaft mit unserem liebenden Vatergott verbindet, so können wir jenseits aller Querelen mit unseren Konfliktpartnern den geliebten Bruder und die geliebte Schwester erblicken. Dieser erhellende, aus der Herzensmitte kommende, Anblick ist reinigend, befreiend und erlösend. Er befreit uns von aufreibenden, verbitternden und oftmals zermürbenden Aufwallungen und kochenden Emotionen, die sich gegen uns selbst richten und uns schwer beschädigen. Sobald wir in jedem menschlichen Gegenüber das verborgene und zugleich sichtbare göttliche Geschwister sehen und ansehen, sehen wir in uns selbst das verborgene und gleichzeitig sichtbare göttliche Antlitz. Damit beschenken wir uns mit neuer Würde und neuem Glanz – dem Glanz der Ewigkeit.

Der Mensch mit Charakter und Individualität

Noach war ein gerechter, untadeliger Mann [...]; er ging mit Gott. [...] Da sprach Gott zu Noach: Ich sehe, das Ende aller Wesen aus Fleisch ist gekommen [...]. Siehe, ich will sie zugleich mit der Erde verderben. Mach dir eine Arche aus Goferholz! Statte sie mit Kammern aus und dichte sie innen und außen mit Pech ab! [...] Mach der Arche ein Dach und hebe es genau um eine Elle nach oben an! [...] Richte ein unteres, ein zweites und ein drittes Stockwerk ein. [...] Von allem, was lebt, von allen Wesen aus Fleisch, führe je zwei in die Arche. [...] Nimm dir von allem Essbaren mit und leg dir einen Vorrat an! [...] Noach tat alles genauso, wie ihm Gott geboten hatte.
Das Buch Genesis Kapitel 6, Verse 9-22

Wer kennt sie nicht – die epochale Geschichte der Sintflut, in der Gott seinen Beauftragten Noach bittet, eine sturmfeste Arche zu bauen, in der seine Familie und eine Basis der Tierwelt überleben soll. Der Gesandte Noach wird uns nur mit wenigen Worten vorgestellt – er war gerecht, demütig, gottverbunden und vor allem sehr gehorsam. Gott weiht ihn in seinen großen Liquidierungsplan der gesamten damaligen Schöpfung ein und weist ihn detailliert an, das gigantische Schiff zum Wohle der Überlebenden zu bauen. Noach befolgt Schritt für Schritt die göttlichen Anweisungen – kommentarlos, resonanzlos, widerstandslos. Andere berufene Männer der Bibel in späteren Phasen werden sich dem göttlichen Dekret gegenüber anders verhalten. Beispielsweise wird Vater Abraham im Rahmen der göttlichen Ankündigung über die Zerstörung von Sodom und Gomorra Gott gegenüber deutlichen Protest bekunden. Abraham wird Gott herausfordern, göttliche Gerechtigkeit in den verfallenen Städten walten zu lassen – um der wenigen gerechten Bürger willen die beiden Städte vor der heraneilenden Katastrophe zu schützen. Abraham weiß um die Dialogoffenheit und Dialogwilligkeit Gottes. Er setzt sich mit Leidenschaft und Verhandlungsstärke bei Gott für die sündigen und zu disziplinierenden Mitmenschen ein, deren Existenz auf dem Spiel steht – ob für Juden oder ob für Heiden. Auch Gestalten wie der Prophet Mose, der Richter Gideon, die Propheten Jesaja, Jeremia, Ezechiel, Habakuk und der legendäre König David in seinen Psalmen verstehen es, mutig und kühn mit Gott, ihrem himmlischen Partner, in dialogische Beziehung zu treten – mit allen kontroversen, klagenden und preisenden Komponenten.

Noach, der von Gott erwählte, einzig gerechte Mann seiner verkommenen Generation, hingegen ist in allen Phasen des Archenbaus folgsam und bedingungslos Ja sagend – er fällt auf durch seine übertriebene Unauffälligkeit. Dabei demonstriert uns das Buch der Bücher in seinen vielfältigen anspruchsvollen Gott-Mensch-Gesprächen einen Gott, der an Erwiderung seitens seiner Berufenen lebhaftes Interesse hat. In allen biblisch überlieferten Gesprächen fordert der Gott des Dialogs seine Eingeweihten dazu auf, sich durch ihre Gefühle, Gedanken und Fragen zu äußern. Sie sollen sich vertrauensvoll dem Gott der Kommunikation, Konversation und Konsultation aussetzen.
Der Mann Noach führt uns vor Augen, welcher Typus von Mensch Gott unsympathisch ist, obwohl dieser augenscheinlich korrekt und linienkonform reagiert und handelt. Der mangelnde engagierte Einsatz für die sündige leidende Restmenschheit, das Desinteresse am Kennenlernen von Gottes verborgenen Absichten sowie die Selbstgefälligkeit eines bequemen Befehlsempfänger- und Befehlsausführer-Daseins genügen Noach. Gott genügt dies bei Weitem nicht, wie uns die kontrastreiche Porträtierung der vielen kommenden Gesandten Gottes zeigen werden. Noach ist ein Mann des Gehorsams und der bedingungslosen Verhaltenskorrektheit. Er erkennt jedoch nicht, dass

Gott den Menschen dazu auffordert, sein eigenes gottebenbildliches Gesicht mitsamt seiner vielfältigen Konturen und Nuancen in die Begegnung mit dem lebendigen Schöpfer einzubringen. Der Schöpfer des Lebens hat den Menschen nicht zu einer charakterlosen Gehorsamsmaschine erschaffen, sondern zu einem denkenden, fühlenden und mitteilsamen Wesen. Diese biblische Einzigartigkeit des Menschen macht ihn unnachahmlich und unübersehbar.

Der endliche Mensch ringt mit seinem Gott

Abraham trat näher [zum Herrn] und sagte: Willst du auch den Gerechten mit den Ruchlosen wegraffen? Vielleicht gibt es fünfzig Gerechte in der Stadt: Willst du auch sie wegraffen und nicht doch dem Ort vergeben wegen der fünfzig Gerechten in ihrer Mitte? Fern sei es von dir, so etwas zu tun: den Gerechten zusammen mit dem Frevler töten. Dann ginge es ja dem Gerechten wie dem Frevler. Das sei fern von dir. Sollte der Richter der ganzen Erde nicht Recht üben? Da sprach der HERR: Wenn ich in Sodom fünfzig Gerechte in der Stadt finde, werde ich ihretwegen dem ganzen Ort vergeben.

Das Buch Genesis Kapitel 18, Verse 23-26

Eine berühmte berührende Geschichte aus dem Ersten Testament: Vater Abraham steht vor seinem Gott und kämpft leidenschaftlich um den Erhalt der vom göttlich beschlossenen Untergang bedrohten berüchtigten Doppelstadt Sodom und Gomorra. Obwohl das unmenschliche Verhaltensszenario der Stadt Züge der Barbarei angenommen hat, wird uns ein jüdischer Stammesfürst präsentiert, der nicht ruhen kann im Angesicht des göttlichen Urteils über die grauenvolle Dekadenz genannter Bürger. Abraham brennt danach, sein persönliches Maximum zu leisten, um so viele Menschen wie möglich zu retten aufgrund der Verdienste gerechter Menschen in der sündigen Metropole, die er in seinem Ringen mit Gott am Ort vorzufinden hofft. Unser biblischer Text präsentiert uns einen Stammvater Abraham voller Leidenschaft, Engagement und Hingabe an das Wohl des Nächsten. Er erwägt nicht, ob es sich bei seinem inbrünstigen Engagement um Juden – um Glaubensgefährten –, oder um heidnische Zeitgenossen handelt. Da er spürt, dass Menschenleben auf dem Spiel stehen, ringt er mit Gott um den Erhalt einer jeden einzelnen gottgeschaffenen Seele. In seinem leidenschaftlichen Kampf um das Überleben der betroffenen Mitmenschen überschreitet Vater Abraham jede formelle Etikette im Umgang mit Gott. Es liegt ihm so intensiv am Herzen, sein Innerstes für diese Mitmenschen zu geben, dass er seinen Gott als nahestehenden Freund anspricht! Wenn der orientalisch-hebräische Mensch sich um das Zentrale im Leben bemüht, kehrt er sein innerstes Gesicht nach außen und nutzt dabei seine gesamte theologische Rhetorik, um bei Gott Gehör und Empathie zu erwirken. Abraham lebt uns wahren Altruismus, wahren kompromisslosen Einsatz für den Sieg des leidenden Mitmenschen über seinen verderbten Prozess der Selbstzerstörung vor. Selbst wenn Abraham in der dekadenten Stadt Sodom und Gomorra keine einzige Menschenseele retten konnte, in Ermangelung eines einzigen gerechten Menschen, so hat Abraham dennoch für seine Generation als auch für alle künftigen Generationen an jedem Ort der Welt einen gigantischen Sieg errungen: den Sieg der Unbequemlichkeit über Bequemlichkeit, den Sieg menschlicher Größe über unmenschliche Kleinheit und den Sieg edler Selbstüberschreitung über faulen Egoismus. Abrahams großer verbaler Seelenkampf wurde zum Vorbild unzähliger Kämpfer und Kämpferinnen sowohl in der Geschichte der Bibel als auch in der langen nachbi-

blischen jüdischen Geschichte. Abraham lehrt uns durch sein beispielloses Engagement, dass es beim Einsatz für den leidenden Nächsten nicht primär darauf ankommt, ein konkretes materielles Ziel vor Augen zu haben, sondern sein Bestes zu geben, um bei Gott, dem Erhalter und Lenker des Lebens, sein pulsierendes Engagement zu demonstrieren. Der jüdische Glaube lehrt, dass jeder von Nächstenliebe getragene, betende und meditierende Einsatz zum Wohle des größeren Ganzen gottgelenkte Folgen zeitigt – ob sie für unser Auge sichtbar sind oder nicht. Bei Gott dem Schöpfer kommt jedes authentische Gebet, jedes innige Flehen an – unabhängig vom erwarteten Ergebnis des persönlichen Ringens. Auch König David wusste wie sein Vorbild Abraham um die Macht des Gebets und der Hoffnung, wenn er in Psalm 27, Vers 14 vehement ausruft:
Hoffe auf den HERRN, *sei stark und fest sei dein Herz! Und hoffe auf den* HERRN! Solche gereiften und erprobten Kämpfer erstritten sich ihren festen Glauben in der Beziehung mit ihrem Gott nicht nur für sich und ihre Zeitgenossen. Sie taten dies auch für die vielen nachgeborenen Leser und Hörer des zeitlosen Glaubensdokuments ihres Lebens und Wirkens namens Bibel.

Was bindet Menschen aneinander?

An diesem Tag erzähl deinem Sohn: Das geschieht für das, was der HERR an mir getan hat, als ich aus Ägypten auszog. Es sei dir ein Zeichen an der Hand und ein Erinnerungsmal zwischen deinen Augen, damit die Weisung des HERRN in deinem Mund sei. Denn mit starker Hand hat dich der HERR aus Ägypten herausgeführt. Bewahre diese Satzung, Jahr für Jahr, zur festgesetzten Zeit!
Das Buch Exodus Kapitel 13, Verse 8-10

Kein Fest im jüdischen Jahreszyklus ist historisch-spirituell so bedeutsam und mit theologischen Botschaften befrachtet wie das Pessachfest im Frühling, das im jüdischen Umfeld des Neuen (Zweiten) Testaments durchgängig „Fest der ungesäuerten Brote“ genannt wird. Die epochale Befreiung der vierhundert Jahre im ägyptischen Exil versklavten Israeliten durch den wunderwirkenden Gott der Schöpfung ist der Grundstein jüdisch-biblischen Glaubensbewusstseins. Die kollektive Urerfahrung der Erlösung aus Entrechtung, Entmenschlichung und grenzenloser Entwicklungshemmung durch die rettende Hand Gottes soll

dem jüdischen Volk unauslöschlich ins Gedächtnis eingeprägt werden. Jede kollektive Volkserinnerung an zentrale historische Erfahrungen, die von größter religiöser Relevanz sind, bedarf der konkreten religiösen Zeichen und Symbole in der gelebten Volksgesinnung, um auf Dauer diese Erinnerung präsent und wachzuhalten. Aus diesem Grund ordnet der Text den Israeliten an, durch Gebetsrituale und Gedenkfeiern in der Gemeinschaft die Tradition der Väter und Mütter durch das eigene Dazutun fortzusetzen. Dieser Text, der dem Buch Exodus entnommen ist, in welchem die Erniedrigung und Erlösung der Israeliten ausführlich überliefert wird, nennt deutlich den zentralen Beweggrund für die geforderte Traditionspflege: die Vermittlung an die nächste Generation, an die Kinder von heute, die das Fundament der Gemeinschaft von morgen bilden.
Geschichtliche Wendepunkte in der eigenen Glaubensentwicklung leben durch authentische Erzählungen des Geschehenen weiter, durch ritualisierte Zeremonien, die den einzelnen Menschen in eine große Kette der Generationen einbezieht. Der gelebte jüdische Glaube hat das Pessachfest in seiner langen Entwicklung seit seiner Entstehung in reichhaltige Zeremonien eingekleidet. Diese wurden zur geistigen Grundlage der Feier des letzten Abendmahls Jesu gemäß den Erzählungen

der Evangelien und zur Entstehung des christlichen „Passchafestes“. An den gedächtnisbildenden Zeremonien, an den kleinen und großen Ritualen sowie am Reichtum der religiös fundierten Erzählungen einer Glaubensgemeinschaft erkennt man deren Liebe zum Wesentlichen und deren Verbundenheit mit dem heiligen Anfang. Die jüdische Glaubensgemeinschaft konnte ihre bewegten und bewegenden historisch bitteren Verfolgungsexzesse als auch ihre eingreifenden Meilensteine der Glaubensexpansion nur durch ihre Fülle zeitloser Erinnerungsrituale überleben.
Der geschichtsbewusste Denker und tiefgründige Menschenkenner Johann Wolfgang Goethe drückt diese Verpflichtung zur Tradition in seinem Meisterwerk „Faust“ als Aufruf an uns alle mit folgenden Worten aus: „Was du ererbt von deinen Vätern hast, erwirb es, um es zu besitzen. Was man nicht nützt, ist eine schwere Last.“
Religiöse Rituale garantieren Identität, Stabilität und Kontinuität – wagen wir sie, entwickeln wir sie, tradieren wir sie! Das jüdische Volk in seiner langen biblischen und nachbiblischen Geschichte ist darin ein Meister geworden – als Ansporn für alle Menschen aller Kulturen.

Träume sind keine Schäume

Einst hatte Josef einen Traum. Als er ihn seinen Brüdern erzählte, hassten sie ihn noch mehr. Er sagte zu ihnen: Hört euch diesen Traum an, den ich geträumt habe. Siehe, wir banden Garben mitten auf dem Feld. Und siehe, meine Garbe richtete sich auf und blieb auch stehen. Siehe, eure Garben umringten sie und warfen sich vor meiner Garbe nieder. Da sagten seine Brüder zu ihm: Willst du etwa König über uns werden oder über uns herrschen? Und sie hassten ihn noch mehr wegen seiner Träume und seiner Worte. Er hatte noch einen Traum. Er erzählte ihn seinen Brüdern und sagte: Siehe, ich träumte noch einmal: Und siehe, die Sonne, der Mond und elf Sterne warfen sich vor mir nieder.
Das Buch Genesis Kapitel 37, Verse 5-9

Im ersten Buch der Bibel zeigt uns die Weisheit Gottes anhand mehrerer spannender Erzählungen, dass der Volksmund keinesfalls Recht hat mit seiner oberflächlichen Feststellung „Träume sind Schäume“. Im Buch Genesis träumen sieben völlig verschiedene Personen zehn bewegende und perspektivische Träume, die uns detailgenau dokumentiert werden. Einer der schillerndsten Träumer ist der Urenkel des Stammvaters Abraham und zugleich der zweitjüngste Sohn des Stammvaters Jakob, der Träumer Josef. In seiner Jugend, im Hause seines Vaters Jakob, träumt er gleich zwei für ihn völlig unverständliche Träume, die er in seiner jugendlichen Aufgeregtheit seinen älteren Geschwistern und seinem Vater erzählt, jedoch lediglich auf deren bittere Ablehnung und Verachtung stößt. Weder seine Geschwister noch sein Vater sind im Mindesten in der Lage, Josefs tiefen Träumen die große Bedeutung beizumessen, die ihnen gebühren. Anstatt sich mit kundigen Traumdeutern in Verbindung zu setzen, reagieren alle Beteiligten mit Empörung über die scheinbare Überheblichkeit des träumenden jugendlichen Josef. Die Empörung und Verachtung der Familienmitglieder zeigt sehr deutlich, wie Josefs Traumhandlungen sie aufs Äußerste provozieren und ihnen eine unbewusste Ahnung von Josefs bevorstehendem großen gesellschaftlichen Aufstieg einflößen. Josef selbst ist ebenfalls noch nicht in der Lage, seine symbolreichen Träume zu deuten. In Ermangelung einer kompetenten Interpretation von Josefs Träumen nimmt das tragische Schicksal seinen Lauf. Die hasserfüllten, älteren Brüder setzen alles daran, ihren scheinbar überheblichen Träumer-Bruder aus dem Familienverband brutal auszuschließen. Sie trachten danach, Josef daran zu hindern, den gigantischen Aufstieg, den seine

Träume suggerieren, in die Realität umzusetzen. Doch je mehr die Brüder sich anschicken, die Verwirklichung von Gottes Plan, der sich in den Träumen manifestiert, zu verhindern, desto mehr tragen sie dazu bei. Trotz und wegen des Widerstands der gehässigen Brüder reiht sich in der Geschichte von Josef und seinen Brüdern eine Handlung an die andere, sodass an deren Ende Josef zum Herrscher Ägyptens ernannt wird. Josefs einstmals verachtete Träume haben sich über Umwege und Abwege überwältigend bewahrheitet. Der Traumdeuter, der Josef geworden ist, und seine beschämten Brüder müssen dies am Ende des Dramas demutsvoll erkennen. Hätten die Brüder sich beizeiten der Mühe unterzogen, Josefs Träume ernst zu nehmen und gekonnt zu deuten, wäre der gesamten Familie ein großes und bitteres Leid erspart geblieben.

Die Bibel lehrt uns, dass Träume Gottes geheime Sprache an seine Geschöpfe darstellt, die in ihrer reichen Symbolik verstanden werden will. In der Ruhe der Nacht, im Zustand des ausgeschalteten kontrollierenden Egos, meldet sich Gott beim „bewusstlosen" Menschen mit „codierten" Informationen, die unserem Leben eine neue Richtung geben wollen. Gläubige Träumer in allen Generationen haben es sich zur Aufgabe gemacht, die reiche Symbolik der Träume meisterhaft zu entziffern

und der Nachwelt zu hinterlassen. Der vormals ungeschulte Träumer Josef hat im Laufe seines dramatischen Lebens gelernt, Träume zu deuten und somit hilfesuchenden Menschen – nicht zuletzt dem ratsuchenden Pharao – die verborgenen Botschaften der Träume zu offenbaren und die Konsequenzen für das Leben aufzuzeigen.
Jeder ungedeutete Traum gleicht einem ungelesenen Brief, so lehrt das Judentum. Wer die Tiefe seiner Seele und die Tiefe der biblischen Weisheit ernst nimmt, wird künftig seine Träume nicht mehr als Schäume unwissend abwerten, sondern sie als spannende, gehaltvolle Briefe seiner Seele wertschätzen. Träume sind keinesfalls Schäume – Träume eröffnen Räume – gigantische Selbstentfaltungsräume.

Die Dualität des Lebens

Alles hat seine Stunde. Für jedes Geschehen unter dem Himmel gibt es eine bestimmte Zeit: eine Zeit zum Gebären und eine Zeit zum Sterben, eine Zeit zum Pflanzen und eine Zeit zum Ausreißen der Pflanzen, eine Zeit zum Töten und eine Zeit zum Heilen, eine Zeit zum Niederreißen und eine Zeit zum Bauen, eine Zeit zum Weinen und eine Zeit zum Lachen, eine Zeit für die Klage und eine Zeit für den Tanz; eine Zeit zum Steinewerfen und eine Zeit zum Steinesammeln, [...] eine Zeit zum Zerreißen und eine Zeit zum Zusammennähen, eine Zeit zum Schweigen und eine Zeit zum Reden, eine Zeit zum Lieben und eine Zeit zum Hassen, eine Zeit für den Krieg und eine Zeit für den Frieden.
Das Buch Kohelet Kapitel 3, Verse 1-8

Diese unsterblichen Zeilen aus dem Munde des weisen Königs Salomo haben weltliterarische Bedeutung erlangt. Aus dem Munde eines lebenserfahrenen und zutiefst gottinspirierten jüdischen Monarchen den Menschen seiner Zeit verkündet, treffen diese Zeilen mitten ins Herz der Menschheit aller Kontinente, aller Generationen und aller Sprachen der Welt. Worin liegt die unsterbliche Wahrheit und Weisheit dieser salomonischen Worte?

Sie drücken die bereits im ersten Buch der Bibel im Kontext der Schöpfungsgeschichte dargestellte universelle Gesetzmäßigkeit der Gegensätze, der Polarität des Lebens aus. Irdisches Leben wird in Gestalt von Unterscheidungen, Trennungen, Zeitabläufen präsentiert: Es gibt Tag und Nacht, Winter und Sommer, Mann und Frau, Landtiere und Vögel, Arbeit während sechs Tagen und Ruhe am heiligen siebten Tag. Das Leben von Mensch, Tier und Pflanze wird nicht als starr und unbeweglich, fixiert und unflexibel präsentiert, sondern soll sich in einem ständigen Fluss der Veränderungen bewegen. In dieser gottgegebenen Schöpfung der Dynamik sollen alle konträren Erfahrungen des Lebens Raum und Zeit bekommen. Alles darf und soll zu einer großen Ganzheit zusammenwachsen.
Das Beglückende und Beruhigende der wechselhaften Abläufe menschlichen Handelns und Fühlens auf Erden liegt in der Eigenschaft der zeitlichen Begrenztheit aller Erscheinungen. Nichts dauert ewig, nichts beglückt uns ewig, nichts belastet uns ewig – das Leben wird voller meist ungeahnter Überraschungen und unvorhergesehener Entwicklungen bleiben. Das ist eine immense göttliche Herausforderung für jeden Erdenbürger, sich nicht auf einseitige Gefühle, Gedanken und Geschehnisse zu fixieren, sondern sich dem göttlich-heilsamen und wachstumsorientierten

Entwicklungsprozess des Lebens mutig und vertrauensvoll zu stellen.
Noch eins will uns der weise und weite Text bedeuten: Keine noch so äußerlich besehene und beurteilte bittere Lebenserfahrung, sei sie auf kollektiver, sei sie auf individueller Ebene, muss verdammt und um jeden Preis vermieden werden. Alles ist im großen göttlichen Fluss der vergänglichen und doch prägenden Zeit göttlich sinngebend eingebunden.
Durch ruhiges und glaubensstarkes Zulassen, Sicheinlassen und Sichverlassen auf die verborgene göttliche Berechtigung aller Lebensgegensätze entsteht menschliche Offenheit, Neugier, Unverkrampftheit und Faszination für das Gesamtabenteuer Leben.

7

Leben ist Verwandlung

Gott kommt oft unerwartet

Dann wird der Geist des HERRN über dich kommen und du wirst wie sie in Verzückung geraten und in einen anderen Menschen verwandelt werden. Wenn du aber all diese Zeichen erlebst, dann tu, was sich gerade ergibt; denn Gott ist mit dir. [...] Als sich Saul nun umwandte, um von Samuel wegzugehen, verwandelte Gott sein Herz. Und noch am gleichen Tag trafen alle diese Zeichen ein.
Das 1. Buch Samuel Kapitel 10, Verse 6-9

Der große Tag ist gekommen – wie lange hat sich das noch ungeeinte jüdische Volk danach gesehnt, einen König an seiner Spitze zu sehen wie alle angrenzenden heidnischen Völker. Die Frage, die alle Kinder Israels beschäftigte, zentrierte sich um die brennende Frage, wer von Gott prädestiniert sei, dieser neue Herrscher über das Volk zu werden.
Saul, der erste König Israels, aus dem Stamm Benjamin wird in sein königliches Amt durch den Propheten Samuel eingeführt. Die Bibel beschreibt uns diesen Vorgang mit sehr nüchternen, unspektakulären Worten – vielmehr kleidet sie diese Prozedur in ein geistlich rituelles Szenario. Der erwählte Benjaminit Saul kommt aus begüterten Verhältnissen,

wächst sorglos im behüteten Milieu seiner wohlhabenden Familie auf und rechnet nicht im Mindesten damit, von Gott mit dem neuen Amt des ersten Königs Israels betraut zu werden. Der tief spirituelle, altgediente Richter und Prophet Samuel macht dem jungen Saul deutlich, dass es nicht um „fachliche Qualifikationen" bei der Übernahme seines neuen Amtes geht, sondern ganz im Gegenteil, um die Stärkung innerer Eigenschaften, die die zentrale Sphäre des Geistes und des Herzens tangieren. Samuel verkündet Saul, dass Gott ihn zu einem neuen vergeistigten Menschen verwandeln werde. Gott selbst wird seinem Herzen die Wendung und Richtung geben, die ihn dazu befähigen wird, als gottgesandter Monarch über Israel zu regieren. Ausgestattet mit dieser neuen Be-geist-ung, wird der neu berufene König intuitiv erkennen, wie er im Alltag seine persönlichen Fähigkeiten Gott zu Diensten und zum Wohle des Volkes stellen kann. Saul öffnet Herz und Hirn für diese wegweisenden Worte des erfahrenen Propheten Gottes und erlebt in sich die angekündigte Verwandlung seines Herzens zu Gott hin. Aus einem zurückgezogenen, verwöhnten und selbstbezogenen Einzelgänger und Einzelkämpfer wird von Stunde an ein fürsorglicher, kämpferischer und allgemein wohlbedachter Mann des Volkes. Die große Stunde Sauls hat geschlagen – er verlässt die kleine Sphäre der alltäglichen Routiniertheit auf seinem Familienanwesen im Stamme Benjamin und schreitet mutig in die Arena des großen Gebildes Israel. Er bekommt Verantwortung und große Ziele, die seinem verborgenen Wesen weit mehr entsprechen als die einstmalige Zurückgezogenheit.

Wenn Gott einen Menschen verwandelt, will Er die gesamte Persönlichkeit verwandeln, will Er tiefsitzende, ungenutzte spirituelle Reserven wecken und fördern. Wen Gott verwandelt, den holt Er aus der Isolation und Monotonie der alltäglichen Bequemlichkeit heraus. Er sendet ihn als seinen Berufenen in neue aufregende und faszinierende Aufgaben, die der großen Gemeinschaft dienen und nicht mehr dem kleinen Eigennutz. Die Bibel lehrt uns, dass Verwandlung zu jedem Zeitpunkt, an jedem Ort und in jedem Menschen, der offenen Geistes und offenen Herzens ist, geschehen kann. Verwandlung im biblischen Verständnis hat nichts mit Magie oder Zauberei zu tun. Sie ist das heilige, übernatürliche, göttliche Eingreifen in das Innerste eines jeden wachsenwollenden Menschen, der höheren Zielen dienen möchte als der privaten Bequemlichkeit und Engherzigkeit.

Der Sieg der Empathie

Da trat Juda an ihn heran und sagte: Bitte, mein Herr, darf dein Knecht etwas zu meinem Herrn sagen? Dein Zorn entbrenne deswegen nicht gegen deinen Knecht [...]. Mein Herr hat seine Knechte gefragt: Habt ihr einen Vater oder Bruder? Wir erwiderten meinem Herrn: Wir haben einen alten Vater und den Jüngsten, der ihm im hohen Alter geboren wurde. Dessen Bruder ist gestorben; er ist allein von seiner Mutter noch da und sein Vater liebt ihn.
Das Buch Genesis Kapitel 44, Verse 18-20

Ein gewaltiger, herzergreifender Monolog entfaltet sich vor unseren Augen: Juda, der große Bruder des kleinen Bruders Josef, steht eindringlich und inbrünstig vor seinem Bruder, der mittlerweile Vizekönig des Weltreiches Ägypten geworden ist, und erfleht dessen Verständnis und Mitgefühl für ihn und seine bedrängten Mitbrüder durch eine zutiefst gefühlsbeladene Rede.
Der mächtige Mann Josef, der vor vielen Jahren von seinen bösartigen Brüdern an die ägyptischen Machthaber verkauft wurde, steht nun vor seinen ängstlichen Brüdern als großer Regent und will ihnen eine schmerzhafte, aber heilsame Lektion bezüglich ihrer damaligen Gehässigkeit

und Unmenschlichkeit erteilen. Der weise Josef plant, seinen jüngsten Bruder Benjamin in ägyptischem Gewahrsam festzuhalten, um zugleich seine erschütterten Brüder herauszufordern, sich für dessen Befreiung und Heimholung von ganzem Herzen einzusetzen. Josef will in dieser brisanten Situation gezielt jenen Charakterzug in seinen Brüdern hervorlocken, an dessen Ermangelung sie vor vielen Jahren während ihres arglistigen Vorgehens gegen ihn jämmerlich versagten: Menschlichkeit und Empathie. Juda, der starke Vertreter der übrigen Brüder, erkennt den Ernst der Lage und stürzt sich in eine tief bewegende Rede seinem mächtigen Bruder Josef gegenüber. Eine Rede, die in der Tradition der Heiligen Schrift hinsichtlich emotionaler Intensität und nächstenliebender Wortgewandtheit beispiellos ist. Mobilisiert durch die bevorstehende Gefahr, seinen Bruder Benjamin im ägyptischen Gefängnis zu verlieren, setzt sich Juda mit ungeahnter Herzenstiefe dafür ein, das verletzte Herz seines immer noch leidenden Bruders Josef mit Worten reinster Menschlichkeit und Bruderliebe zu erreichen. Juda weiß, dass sein verletzter Bruder sich danach sehnt, aus seinem Mund Worte der Anteilnahme des Verständnisses und Einfühlungsvermögens zu hören. Jene Worte, die er vor genau zweiundzwanzig Jahren aus dem Mund des damals hartherzigen Bruders so brennend gern gehört hätte. Die Bibel zeigt uns, dass es nie zu spät ist, tiefe, ungeheilte Wunden durch reuevolle Worte und Gesten nachträglich zu heilen. Der gereifte Juda wählt in seiner Rede genau die Worte, die von menschlich-familiärer Verbundenheit zeugen. Er überwindet beherzt seine eigenen engen Schranken von Apathie und Hybris zugunsten tiefer Einfühlung in die innere Welt seines vormals gewaltsam ausgegrenzten jüngeren Bruders und ringt bei jedem Wort um dessen Reintegration in die familiäre Gemeinschaft. Mit diesen aus tiefstem Herzen kommenden Worten hat Juda das Eis der menschlichen Kälte zwischen den großen Brüdern und ihrem kleinen Bruder zum Schmelzen gebracht. Die zeitübergreifende, ewige Lektion dieser faszinierenden biblischen Rede lautet: Glaube an die göttliche Macht der heilenden Liebe, die getanes Unrecht auch nach Jahrzehnten durch tiefste Herzregung und gereifte Empathie zu reparieren und zu befrieden vermag. Die geheimnisvolle Macht menschlicher Herzensgröße überwindet die Grenzen von Raum und Zeit und führt uns in die innere Dimension der Unendlichkeit Gottes.

Wenn Ironie zur Waffe wird

Dann riefen sie vom Morgen bis zum Mittag den Namen des Baal an und schrien: Baal, erhöre uns! Doch es kam kein Laut und niemand gab Antwort. Sie tanzten hüpfend um den Altar, den man gemacht hatte. Um die Mittagszeit verspottete sie Elija und sagte: Ruft lauter! Er ist doch Gott. Er könnte beschäftigt sein, könnte beiseitegegangen oder verreist sein. Vielleicht schläft er und wacht dann auf.
Das 1. Buch der Könige Kapitel 18, Verse 26-27

Ein biblischer Text voll beißender Ironie, vor dem die Bibel kein Blatt vor den Mund nimmt – im wahrsten Sinne des Wortes! Der feurige Prophet Elija konfrontiert die heidnischen Baalspriester, die zu seiner Zeit einen flächendeckenden dekadenten und menschenverachtenden Götzendienst im nördlichen Königreich Samarien praktizierten. Sie verführten das jüdische Volk mit ihrer Manipulation und Agitation regelmäßig dazu, mitzumachen und den wahren jüdischen Gottesdienst aufzugeben. In einer öffentlichen Inszenierung auf dem berühmten, ans Mittelmeer grenzenden Berg Karmel lädt er alle amtierenden vierhundertfünfzig Baalspriester in Gegenwart des gesamten jüdischen Volkes zu einer spirituellen Kraftprobe zwischen dem imaginären Götzen Baal und dem wahren Gott der Juden ein. Die Versammlung hat der leidenschaftliche Mann Gottes perfekt inszeniert. Auf der einen Seite des hochragenden Berges sind die heidnischen Priester mit ihren Kultgegenständen positioniert, ihnen gegenüber steht alleine der ekstatische, willensstarke Elija neben einem bescheidenen Altar zur Ehre Gottes, auf welchem er für Gott einen Stier zu opfern gedenkt. Die „Spielregel" des imponierenden Spektakels ist deutlich: Es gilt, den einen wahren Gott durch inständiges Rufen und inbrünstiges Beten zur öffentlichen Manifestation seiner alles überragenden Majestät „hervorzulocken", um dem versammelten Volk zu demonstrieren, wer die Macht im Universum in Händen hält und wer eine lachhafte Farce ist. Die Spannung ist schier unerträglich. Den Baalspriestern gelingt es zu keinem einzigen Augenblick, ihren vergötzten Baal herbeizurufen, was auch immer sie an okkulten, dämonischen Handlungen begehen. Baal rührt sich nicht, Baal meldet sich nicht, Baal zeigt sich nicht. In einem äußerst gewagten und von ungeheurem Mut und Selbstgewissheit zeugenden Kraftakt stellt sich Elija konfrontativ vor die verzweifelten Götzenpriester und reizt diese mit Provokation und Blasphemie bis auf das Blut. Der Prophet karikiert mit schärfster Ironie die Nichtigkeit und Belanglosigkeit des hoch gepriesenen Götzen Baal. Das ist eine bodenlose Blamage vor allen anwesenden Heidenpriestern und dem durch sie verführten Volk der Juden. Elija muss keine militärischen Waffen einsetzen, um das Volk davon zu überzeugen, wer der Gewinner und wer der blamierte Verlierer dieses inszenierten Gottesdienstes ist. Gott der Schöpfer gehorcht dem überwältigenden Ruf seines Beauftragten Elija und der Götze Baal verschwindet mit einem Schlag ins Bedeutungslose, ins Reich der infantilen Fantasien.

Ironie ist aus biblischer Sicht ein völlig opportunes Mittel, um einen uneinsichtigen Gegner zur dringend gebotenen Einsicht in das eigene Fehlverhalten zu führen. Es ist, wie unsere packende Geschichte uns markant demonstriert, viel effizienter, aufrüttelnder und verletzender als jeder noch so korrekt formulierte und rein rationale Appell. In kritischen Konfrontationen ist es legitim und ausgesprochen ratsam, den verhärteten Kontrahenten durch ironisierende Bloßstellung zu einer unerlässlichen Verhaltens- und Mentalitätskorrektur zu provozieren. Es ist nicht nur legitim, sondern die ethische Pflicht eines verantwortungsvollen Entscheidungsträgers.

8

Wenn Ent–scheidungen not–wendend sind

Im Ringen zwischen Anpassung und Abgrenzung

Dann wusch [Josef] sein Gesicht, kam heraus, nahm sich zusammen und sagte: Tragt das Essen auf! Man trug das Essen auf, getrennt für ihn, für sie und für die mit ihm speisenden Ägypter. Die Ägypter können nämlich nicht gemeinsam mit den Hebräern essen, weil das für die Ägypter ein Gräuel ist.
Das Buch Genesis Kapitel 43, Verse 31-32

Unser Text beschreibt die großzügige Gastfreundschaft des Juden Josef, des Vizeregenten im Weltreich Ägypten, nach gegenseitiger Wiedererkennung seiner Person und der jahrzehntelang nicht mehr gesehenen Geschwister aus dem Heiligen Land Kanaan. Nach zweiundzwanzig verbitterten und harten Jahren der Entbehrung und der Trennung kommt es zu einer großen Wiederbegegnung der einstmals feindlichen Geschwister mit ihrem nunmehr zum großen Herrscher avancierten Bruder Josef. Aus diesem Anlass initiiert Josef ein großes Festmahl in der ägyptischen Metropole und legt Wert darauf, dass ihm und seinen jüdischen Geschwistern besondere Speisen serviert werden, getrennt von den Speisen der ägyptischen Gäste des Festmahls. Was will uns dies lehren? Der Hebräer Josef hat die unumkehrbare Gunst und Achtung des regierenden Monarchen Ägyptens im Sturm errungen nach seiner Deutung von dessen Träumen und seiner Entwicklung eines nationalen Wirtschaftsplans zum Überleben der ägyptischen Bevölkerung während der angekündigten sieben Hungerjahre.

Josef erweist sich während all jener Jahre des Zusammenseins mit der ägyptischen Obrigkeit als auch mit den ägyptischen Untertanen als unkomplizierter, freundlicher und beliebter jüdischer Mann. Er ist fest in der ägyptischen Gesellschaft integriert, macht aber zu keinem Zeitpunkt einen Hehl aus seiner besonderen jüdischen Identität und Tradition. Schon bei seiner ersten Ankunft am ägyptischen Königshof als brillanter Traumdeuter in der Traumdeutungskrise des Königs bekennt Josef sein Anderssein als gottesfürchtiger Jude aus Kanaan. In vielen angenehmen als auch unangenehmen folgenden Alltagssituationen am ägyptischen Königshof weiß Josef stets die Grenze zu ziehen zwischen Anpassung an das ägyptisch-heidnische Leben und Bewahrung seiner besonderen Lebensweise als Jude unter Nichtjuden. Josef ist der erste biblische Diasporajude, dem es mühelos und souverän gelingt, einerseits eine Synthese herzustellen zwischen authentischer Integration in die ägyptische Gesellschaft unter voller gesellschaftlicher Wertschätzung seiner Kompetenz als Vizeregent und andererseits dem Unterfangen, sein Judentum mit den damit verbundenen Einschränkungen und Enthaltungen zu bejahen und zu leben. Während des in unserem Text genannten Festmahls ist es für Josef zur Selbstverständlichkeit geworden, die besonderen Speisen der Juden äußerlich zu dokumentieren und von den ägyptischen Speisen abzugrenzen bei gleichzeitiger respektvoller Beachtung der besonderen Ernährungsweise seiner ägyptischen Gastgeber, die bestimmte Speisen der Juden – so das Lamm – als Sakrileg definieren. Der zutiefst von Gott inspirierte Josef, der als Fremder in einem großen heidnischen Weltreich zu dessen Wohl mitwirken will, demonstriert mit willensstarker Entschlossenheit, dass gesellschaftliche Gleichheit und „Andersheit" einer Minderheitsgruppe erfolgreich Realität werden können.

Für einen Mann vom Format Josefs wären „faule Kompromisse" und erzwungene Zugeständnisse an die ihn umgebende nichtjüdische Gesellschaft unter eklatanter Selbstverleugnung einem Verrat seines innersten Wesens und seiner Sendung im fremden Land gleichzusetzen. Es ist seine starke innere Haltung der Geradlinigkeit und Selbstgewissheit, die ihn auf Schritt und Tritt dazu antreibt, in der Polarität von Anpassung und Abgrenzung auf fremdem Boden seine große gottverbundene, schillernde Persönlichkeit zu präsentieren.

Dienst am Nächsten ist Dienst an sich selbst

Die Jahre vergingen und Mose wuchs heran. Eines Tages ging er zu seinen Brüdern hinaus und schaute ihnen bei der Fronarbeit zu. Da sah er, wie ein Ägypter einen Hebräer schlug, einen seiner Stammesbrüder. Mose sah sich nach allen Seiten um, und als er sah, dass kein Mensch da war, erschlug er den Ägypter und verscharrte ihn im Sand.
Das Buch Exodus Kapitel 2, Verse 11-12

Eine verstörende, provozierende Erzählung präsentiert uns die Bibel gleich zu Beginn seines zweiten Buches, genannt Exodus. Nachdem der große Lichtblick des geknechteten jüdischen Volkes im ägyptischen Exil der künftige große Prophet Mose geboren und durch die ägyptische Königstochter aus den Fluten des Nils gerettet wurde und am feindlichen ägyptischen Königshof aufwachsen durfte, lesen wir nun eine spannende Episode aus dem Erwachsenenalter des Hebräers Mose. Der verwöhnte „Prinz" fasst den Entschluss, das ihn überbehütende Ambiente am Königshof zugunsten der Nähe zu seinen leiblichen Brüdern und Schwestern in der Knechtschaft zu verlassen. Welch scharfer Kontrast im Leben des einstmals am Königshof jahrzehntelang verweichlichten Hebräers! Laut jüdischer Bibelauslegungstradition war Mose vierzig Jahre alt, als es ihn zu seinen Geschwistern im bitteren Sklavenelend in den glühend heißen Landregionen Ägyptens zog. Mose gestaltet seinen ganz persönlichen Exodus aus dem Luxus und dem heidnischen Lebensstil der Herrscher des Landes in das grauenvoll beengende und bedrängende Exil seiner leidenschaftlich geliebten Hebräergeschwister. Was für ein Mann mit Charisma und Identitätsloyalität wird uns in der vorliegenden Erzählung präsentiert – ein Hebräer mit Format, der Bequemlichkeit und Sorglosigkeit gegen Empathie und gelebte Solidarität austauscht. Unmittelbar zu Beginn seiner Ankunft im Exil seiner Geschwister wird Mose mit einer haarsträubenden Ungerechtigkeit und Unmenschlichkeit der ägyptischen Peiniger gegenüber ihren schuldlosen hebräischen Sklaven konfrontiert.

Ein ägyptischer Aufseher tobt seine ungezügelte Aggression an einem seiner wehrlosen Opfer aus. Der Text veranschaulicht zum Greifen nahe die Empörung und Erbosung des heranreifenden, großen gottbestellten Führers seines Volkes. Er sucht in allen Richtungen mitfühlende, hilfsbereite Menschen, seien sie Ägypter, seien sie Hebräer, die gleich ihm diesem himmelschreienden Unrecht nicht tatenlos zuschauen wollen. Der zugrundeliegende hebräische Originaltext entfaltet eine gewollte sprachliche Doppeldeutigkeit: Mose sah, dass „kein Mensch da war" – „Mose sah, dass der Mensch nicht existierte." Diese Präzision will pointiert zum Ausdruck bringen, dass der designierte Befreier seiner Landsleute in der Tiefe vehement Ausschau hält nach wahrer Menschlichkeit, nach Solidarität und Empathie im Ozean der ägyptischen Unmenschlichkeit und Gleichgültigkeit. Die ursprüngliche Bedeutung des lateinischen Wortes „existieren" im Sinne von „aus sich heraustreten, aus sich herausstellen" deckt sich vorzüglich mit der hebräischen Bedeutung des Begriffs „ein Mensch sein" – seine menschliche Größe aus der Verborgenheit herausholen. In Ermangelung der kleinsten sichtbaren menschlichen Regung im Angesicht eklatanten Unrechts ergreift der kühne Mann Gottes die Eigeninitiative und tötet den sadistischen ägyptischen Aufseher, bevor dieser seine latente Mordabsicht dem gequälten hebräischen Sklaven gegenüber in die Tat umsetzt. Schon im frühen Stadium seiner großen Karriere als Retter der geliebten Geschwister aus der ägyptischen Versklavung wird uns Mose als kompromissloser und geradliniger Mann vorgestellt, bei welchem innere Überzeugung und konsequente Handlung passgenau übereinstimmen. Völlig unvorbereitet auf die sich vor seinen Augen entfaltende barbarische Szene, erkennt Mose intuitiv das Gebot der Stunde, zögert nicht, sondern reagiert als derjenige „menschliche Mensch", den er weit und breit in den gleichgültigen Menschen der Umgebung so schmerzlich vermisst.

Die biblische Botschaft für alle Zeiten lautet unmissverständlich: Wenn du schändlichem Unrecht begegnest, suche nicht nach „wahren Menschen", die dir beistehen, sondern sei selbst der Mensch, den du in anderen vermisst. Indem du deinem Nächsten dienst, dienst du in Wahrheit dir selbst – ob du dir dessen bewusst bist oder nicht.

Das Ende der Orientierungslosigkeit

Und Elija trat vor das ganze Volk und rief: Wie lange noch schwankt ihr nach zwei Seiten? Wenn der HERR der wahre Gott ist, dann folgt ihm! Wenn aber Baal es ist, dann folgt diesem! Doch das Volk gab ihm keine Antwort.
Das 1. Buch der Könige Kapitel 18, Vers 21

Der Prophet Elija erlebt den jahrzehntelangen Abfall des israelitischen Nordreichs von seinem wahren Gott, dem Gott der Väter und Mütter, der das Volk aus der ägyptischen Versklavung befreite, um ihm alleine in Liebe und Freude zu dienen. Das jüdische Volk ist zu Elijas Zeit verführt und verfinstert durch die leeren Versprechen der umliegenden heidnischen Völker hinsichtlich der Macht ihrer kultisch verehrten Götter und Götzen. Einerseits will das verführte Volk und seine Führer den wahren Schöpfergott anbeten und ihm treu folgen, andererseits zur Sicherheit den falschen Göttern huldigen. Durch diese innere Zerrissenheit und Gespaltenheit kann sich das Volk weder ganz auf Gott noch ganz auf die verlockenden Heidengötter einlassen – es ist geistig nirgendwo verankert. Woher rührt die innere Zerrissenheit, Orientierungslosigkeit und Entscheidungsunfähigkeit sowohl eines einzelnen Menschen als auch eines gesamten Volkes? Unter Heranziehung weiterer biblisch-prophetischer Ermahnungstexte an das unentschiedene, gespaltene Volk finden wir die Antwort: Das breite Volk lässt sich von Lügenprophezeiungen, leeren Versprechen und theatralisch inszenierten Götteranbetungen in die Irre verführen. Statt sich auf die großen historischen Taten des wahren Gottes der Erlösung und Befreiung, der Begleitung und Behütung zurückzubesinnen, erliegt das Volk allzu häufig dem Trugschluss oberflächlicher Rhetorik und vielversprechender, jedoch inhaltsleerer Demagogie durch die heidnischen Baals- und Astartepriester. Die Mehrheit des Volkes hat es verlernt, auf innerlich aufrüttelnde Tiefgründigkeit und seriöse Überzeugungskraft der wahren Propheten und Priester des einen und ewigen Gottes zu hören – aufmerksam und aus der Tiefe des Herzens. Das Volk muss neu erzogen werden, auf theatralische Aufführungen, auf primitive Effekthascherei und auf manipulative Fassade zu verzichten, um die Echtheit und unendlich-geduldige Liebe des Schöpfergottes neu in sich aufzunehmen und zu bewahren.

Elija, der feurige Kämpfer Gottes, kann und will die Unentschiedenheit, Unaufrichtigkeit und Untreue seines geliebten jüdischen Volkes nicht länger ertragen. Die Stunde der Bewährung, die Stunde der Entscheidung ist gekommen. Der feurig-leidenschaftliche Mann Gottes plant eine tiefgreifende, zu Herzen gehende, feurige Inszenierung der Größe und Macht des wahren Gottes Israels in Gegenüberstellung zur Bedeutungslosigkeit der fantasierten heidnischen Götter. In einer in der Bibel beispiellosen Konfrontation fordert er das orientierungslose Volk auf, sich bedingungs- und vorbehaltlos für den wahren Gott oder die falschen Götter zu entscheiden. Elija fordert vehement: Nur Eindeutigkeit, Unterscheidungsfähigkeit und herzerfüllte Bekenntnisfreudigkeit garantieren das geistig-seelische Überleben in Zeiten dunkler, zerstörerischer Verführungskräfte. Der Prophet trifft das gespaltene jüdische Volk an seinem wundesten neuralgischen Punkt. Die Unentschiedenheit und innere Zerrissenheit des Volkes erzeugen seelisches Leid. Sie stiften innere Heimatlosigkeit, Orientierungslosigkeit und Kraftlosigkeit. Sie hindern den davon befallenen Menschen daran, mit gesammelten Kräften sich der äußeren, unerkannten Gefahr zu stellen und sie zu bannen. Anstatt gefestigt auf ein geradliniges Ziel zuzusteuern, rennt der zerrissene Mensch zwischen Hauptziel und Scheinziel hin und her, ohne klare Orientierung und ohne strategische Kursbeibehaltung. Der desorientierte Mensch wird zu seinem eigenen größten Feind. Der äußere tatsächliche Feind kann und wird in einem solchen Szenario nur triumphieren. Tief erschüttert und beschämt kehrt das Volk zu seinem ungebrochen fürsorglichen Partnergott zurück – zum Anker seines Lebens – nach einer Lektion, die unendlich viel Schmerz gekostet hat.

Die Haltung prägt die Handlung

Der HERR schaute auf Abel und seine Gabe, aber auf Kain und seine Gabe schaute er nicht. Da überlief es Kain ganz heiß und sein Blick senkte sich. Der HERR sprach zu Kain: Warum überläuft es dich heiß und warum senkt sich dein Blick? Ist es nicht so: Wenn du gut handelst, darfst du aufblicken; wenn du nicht gut handelst, lauert an der Tür die Sünde. Sie hat Verlangen nach dir, doch du sollst über sie herrschen.
Das Buch Genesis Kapitel 4, Verse 4-7

Erinnern wir uns kurz – das erste Brüderpaar auf Erden, Kain und Abel, möchte seinem Schöpfer eine spontane Danksagung in Gestalt einer je persönlichen Opfergabe aus dem je eigenen Tätigkeitsbereich darbringen. Kain, der Ackerbauer, opfert Früchte des Feldes, die er eigenhändig geerntet hat, Abel, der Schafhirt, opfert die „Erstlinge seiner Herde“, die er selbst gezüchtet hat, „und von ihrem Fett“. Unerwartet findet Abels Opfer Gunst in Gottes Augen, wohingegen Kains Opfer abgewiesen wird. Fassungslos und glühend erbost sinnt Kain darauf – zuerst verheimlichend, später offenkundig –, seinen für ihn unverständlicherweise begünstigten Bruder zu töten. In dieser für beide Brüder prekären hoch emotionalen Situation wendet sich Gott mit Worten tiefer Weisheit an den gekränkten und tief verletzten Bruder Kain. Gottvater appelliert an das Herz des gekränkten Kain mit zutiefst tröstenden Worten, der Nichtannahme seines Opfers keinesfalls Endgültigkeitscharakter zuzuschreiben, sondern mittels wohlwollender geänderter innerer Haltung seinem Gott ein neues Opfer darzubringen. Die für den Leser aller Zeiten erkennbare Botschaft lautet: Die Haltung prägt die Handlung. Abel hatte die edlere Haltung, die lauterere Gesinnung, die sich in Gestalt seiner hochwertigeren Gabe manifestierte. Auch Kain kann Gottes Gunst finden, indem er sich ein zweites Mal anschickt – mit mehr Herz, mehr Aufmerksamkeit und mehr Hingabe seine Naturprodukte auszuwählen und dementsprechend Gott darzubringen. Hätte Kain mit offenen

Ohren und offenem Herzen Gottes Worten Gehör geschenkt, so hätte er deutlich wahrgenommen, welch grandioses Geschenk ihm Gott mit seiner ermutigenden verbalen Zuwendung machte. Zwar hat Gott Kains Opfer abgelehnt, „kompensiert" jedoch diese Ablehnung durch eine außergewöhnlich tiefe Hinwendung an den emotional leidenden Bruder, gefüllt mit erhebenden Worten der Erbauung und Ermutigung zum Zweitversuch. Die Blindheit und Taubheit – die „Herzensverstocktheit"– des gekränkten Bruders macht diesen unempfänglich für das große Geschenk Gottes, welches ihm und nicht dem äußerlich wohlgefälligen Bruder Abel zuteilwird. Erstmalig in der Bibel wird in dieser Erzählung das Wort Sünde gebraucht – Sünde in der hebräischen originalsprachlichen Bedeutung von „Zielverfehlung". So warnt Gott den übel gesinnten, zutiefst in sich verschlossenen Bruder davor, der vor seiner „Herzenskammer" lauernden Verführungskraft der „Sünde" zu vertrauen, sich stattdessen über sie zu erheben durch aktives Agieren im Geiste gottzugewandten Vertrauens und liebevollen Denkens. Anstatt die weisen Worte Gottes „sich zu Herzen zu nehmen", „in seinem Herzen zu bewegen", wendet sich Kain rüde von Gottes Dialogangebot ab und setzt seine Mordabsicht in die Tat um. Er tötet den „provozierenden" Bruder und beseitigt somit die „äußere Erschei-

nung“ seines tief sitzenden Minderwertigkeitsgefühls und seiner als Versagen missinterpretierten Handlung.
Welch vertane Gelegenheit zu menschlicher Erneuerung präsentiert uns das Buch der Bücher in dieser traurigen Begebenheit. Doch der erste Brudermord auf Erden soll aus biblischer Sicht nicht vergeblich gewesen sein. Der ermordete Abel und der rastlos auf Erden umherirrende Kain bleiben ein lebendiges, ewiges Mahnmal tragischen menschlichen Scheiterns in Verbindung mit dem ewigen Appell des Schöpfers an jeden künftigen Erdenbürger statt (Selbst-)Verurteilung, (Selbst-) Verdammung und Mord den Weg der Korrektur und Selbsterneuerung zu wählen. Die göttliche Option, sich über den vergangenen Einbruch zu erheben und den Aufbruch zu Neuem zu wagen, ist dem im göttlichen Ebenbild geschaffenen Menschen im Angesicht seines erneuerungswilligen Gottes in jedem Augenblick gegeben. Die korrekte Frage des biblisch denkenden Menschen lautet nicht: Ist Gott an meiner Erneuerung wahrhaftig interessiert, sondern bin ich wahrhaftig an meiner Erneuerung interessiert und glaube ich daran, dass Gott sie freudvoll annimmt?

Der Erstarrung vorbeugen

[Da] ließ der HERR auf Sodom und Gomorra Schwefel und Feuer regnen, vom HERRN, vom Himmel herab. Er ließ ihre Städte einstürzen mitsamt ihrem ganzen Umkreis, auch alle Einwohner der Städte und alles, was auf den Feldern wuchs. Als sich aber seine [Lots] Frau hinter ihm umblickte, wurde sie zu einer Salzsäule.
Das Buch Genesis Kapitel 19, Verse 24-26

Es ist eine beglückende, herausfordernde Erfahrung im Leben eines erwachsenen Menschen, einen abgeschlossenen Lebensprozess als solchen nüchtern zu erkennen und mutig und zukunftsbejahend loszulassen. In der biblischen Geschichte von Abrahams Neffen Lot und dessen ungenannter Frau wird uns anschaulich berichtet, dass Gott Lot und dessen Familie auffordert, die berüchtigte sündige Heidenstadt Sodom schnellstmöglich zu verlassen, weil Gott ihren kompletten Untergang beschlossen hat. Lot und seine Kinder verstehen sofort den Ernst des göttlichen Appells, Lots Gattin hingegen nicht. Sie kann nicht endgültig loslassen und muss ihren sehnsüchtig festhaltenden Blick hinter sich auf die brennende und dem Untergang geweihte Stadt fixieren.

In der reichen Symbolik der Bibelsprache bedeutet der rückwärts gerichtete Blick der Frau Lots, deren Unfähigkeit und Unwilligkeit das Alte, das Vertraute, das Gewohnte entschieden zu verabschieden, um sich vorbehaltlos dem Neuen zuzuwenden. „Vielleicht ist das Alte doch nicht so alt, vielleicht erblicke ich noch eine nützliche Nische zum fortwährenden Einnisten, vielleicht lässt sich schnell noch etwas Kostbares mitnehmen, das ich somit dem Untergang entreißen kann." So können die Gedanken der Frau geklungen haben. Sie zeugen von mangelnder Entschiedenheit und mangelndem Vertrauen in die Führung Gottes, in die Führung des lebendigen Lebens. Dieses Festhalten am Vergangenen, dieser mangelnde Blick für die Notwendigkeit des Verabschiedens führt unweigerlich in die innere und äußere Erstarrung. Lots Frau wird unbeweglich und festgehalten von der sie bindenden Vergangenheit. Sie ist nicht bereit, dem Zug des Lebens zu folgen. Die Salzsäule symbolisiert die Festgefahrenheit des Lebensflusses, das im Meereswasser gelöste, mitfließende und Leben spendende Nahrungsmittel Salz wird unflexibel schal und verklumpt. Lots Frau ist ein mahnender Ruf der Bibel, die je eigene gottaufgetragene Beweglichkeit im Lebensfluss zu überprüfen und folgerichtig zu handeln. Im glaubenden Vertrauen darauf, dass das abgeschlossene und abfallen wollende Alte immer den Weg zu etwas Höherem und Reicherem bahnen möchte, kann jeder „Berufene“ dem Ruf des Neuen mutig und bereitwillig gehorchen. Friedrich Wilhelm Weber drückt es in seinem Epos „Dreizehnlinden“ mit folgenden Worten aus: „Da sich die neuen Tage aus dem Schutt der alten bauen, kann ein ungetrübtes Auge rückwärtsblickend vorwärtsschauen.“

Lebensbejahende Führung und tödliche Verführung

So spricht GOTT, der Herr: Ich sammle euch aus allen Völkern und ich bringe euch zusammen aus den Ländern, in die ihr zerstreut worden seid, und ich gebe euch das Land Israel. Und sie werden dorthin kommen und alle seine Scheusale und alle seine Gräuel aus dem Land entfernen. Die aber, deren Herz an ihren Götzen und an ihren Gräueln hängt – Spruch GOTTES, des Herrn: Ihr Verhalten lasse ich auf sie selbst zurückfallen.
Das Buch Ezechiel Kapitel 11, Verse 17-18.Vers 21

Nach dem langen Exil auf Feindesboden verspricht Gott dem Exilspropheten in der großen Vision

die Rückkehr in die geliebte Heimat auf heiligem Boden. Aber die religiösen Rahmenbedingungen werden sich fundamental ändern. Der Prophet prophezeit den entmutigten, perspektivlosen Menschen eine neue geordnete Zukunft in der heiligen Heimat unter Vernichtung aller heidnischen Kultgegenstände und Kultstätten, die sich die heimatvertriebenen Juden vor der Zerstörung des Tempels Gottes und der Vertreibung ins Exil in unüberschaubarer Anzahl bauten.
Aufgrund welcher inneren Gewissheit kann der Gesandte Gottes dem ermatteten Volk entschieden verkünden, dass die Rückkehrer ihre Götzen und Kultstätten zerstören werden? Aufgrund der göttlichen Inspiration, wonach die lange Zeit des Exils auf heidnischem Boden den Vertriebenen die Einsicht in Gott als der einzig verlässlichen, rettenden Quelle schenken wird. Der alte Trugschluss, die vielen fantasierten Götzen und Götter seien der Schöpfer von Himmel und Erde und somit anbetungswürdig, wird spätestens in der bitteren Verlassenheit und Verlusterfahrung des harten Exils zusammenbrechen. Die Sehnsucht nach dem wahren Rettergott wird in ihren vereinsamten und verzweifelten Herzen so stark aufflammen, dass sie die illusorischen Rettergestalten beherzt verbannen werden. Unzählige Male berichtet uns das Buch der Bücher von äußerst bitteren Situ-

ationen, in denen unbelehrbaren Menschen die scheinbar selbstverständlichen Lebensgrundlagen weggerissen werden müssen, damit sie die wahre Natur ihrer Gotteskindschaft erkennen und danach verlangen, danach schreien wie ein seiner Mutter entrissenes Kind. Gott setzt sein treulos und überheblich gewordenes Volk einer schmerzhaften, aber wichtigen, korrigierenden Erfahrung aus, um sie über den stechenden Verlustschmerz zurück in seine Nähe zu führen. Die Einsicht in die Größe Gottes wird in den Kindern Israels wachsen und sie befähigen, alle fiktiven Götter im Land der Heimat eigenhändig zu demolieren. Nichts verändert den dekadenten Lebensstil so grundlegend und nachhaltig wie die eigene tiefe Einsicht und die Berührung mit dem Echten und Wahrhaftigen. Den Unverbesserlichen und Unbelehrbaren unter den Heimkehrern verkündet der Prophet den eigenen Untergang im Wahn der falschen Götter und heidnischen Kulte. Die falsche und zerstörerische Abhängigkeit von Dämonen und schwarzer Magie wird durch den Bumerangeffekt auf die Götzenanbeter selbst zurückfallen und diese vernichten. Lassen wir uns nicht durch trügerische Dämonen und manipulative Schwarzmagier unserer Zeit in die tödliche Irre und Isolation verführen! Halten wir rigoros an unserer intuitiven und inspirierten Gottverbundenheit fest und warnen wir zugleich unseren Nächsten, so wir ihn gefährdet sehen, vor der immensen Gefahr der Verführbarkeit durch Scharlatane und Falschprediger!

Angst die lähmt und zerrüttet

Was mich erschreckte, das hat mich getroffen, wovor mir bangte, das kam über mich. Noch hatte ich nicht Frieden, nicht Rast, nicht Ruhe, da kam neues Ungemach heran.
Das Buch Ijob Kapitel 3, Verse 25-26

Das Buch Ijob stellt eine der wenigen wahrhaft tragischen Geschichten der gesamten Bibel dar. Ein schuldloser Mann wird von den Härten des Schicksals mehrfach geschlagen, sodass er, seiner Frau und seiner Kinder beraubt, am Boden zerschlagen darniederliegt. Zusätzlich zu diesen schweren äußeren Schlägen kommt eine weitere menschengemachte seelisch-emotionale Belastung hinzu. In einer theatralisch inszenierten Hilfsbereitschaft reisen drei der besten Freunde Ijobs zu ihm an, um ihn mit ihrer theologischen Besserwisserei zu schelten und zu erniedrigen. Bevor diese das

Wort ergreifen und den leidenden Ijob vollends in eine beispiellose Verzweiflung, verbunden mit Empörung, treiben, schreit der bedrängte Protagonist zum ersten Mal in seinem Leben die Last seines inneren Leids und seiner inneren Not vor den Freunden heraus. Ohne sich der Tiefe und der Tragweite seines eigenen Aufschreis voll bewusst zu werden, erkennt der unschuldig Leidende, dass er Opfer seiner eigenen maßlosen Angst- und Panikvorstellungen geworden ist. Ijob spricht vor uns allen unumwunden eine immense Wahrheit der menschlichen Seele aus. Seine eigenen inneren Angstszenarien in Bezug auf das, was in der Realität ihm, seiner Frau, seinen Kindern und seinem Vermögen passieren könnte, haben reale Fakten geschaffen. Die völlig irrealen und grundlosen Angstbilder in seinem Kopf haben sich durch konkrete Handlungen in Ijobs Realität materialisiert. Die Bibel zeigt uns in schonungsloser Klarheit einen Typus von Mensch, der seine eigenen Angstzustände nicht zu transformieren vermag, sondern an ihnen besessen festhält. Er ist weder willens noch fähig, sie loszulassen und seinem Gott zu überlassen. Dadurch vermehrt und verstärkt sich die Macht der eigenen Angst, sodass sie in seinem Kopf zu einem Götzen, einem tyrannischen Dämonen degradiert. Am Ende eines langen angstgeplagten Lebensabschnitts verliert Ijob die

Steuerungskompetenz über seine Ängste. Sie werden so mächtig, dass sie nunmehr ihn, sein Denken, Fühlen und Verhalten steuern. Die Bibel zeigt uns mit dieser erschütternden Selbstoffenbarung des Hauptdarstellers ihre Kompetenz sowohl im Bereich der Theologie als auch der Psychologie. Ein „braver", gottgläubiger und gottergebener Mann, dessen familiärer und herkünftlicher Hintergrund uns nicht mitgeteilt werden, verbirgt hinter seiner Maske der Angepasstheit und Korrektheit ein Meer von Selbstzweifeln und Unsicherheit. Das ist ein Meer geheuchelter Gottesbeziehung, die mehr Schein als Sein verkörpert. Bevor jede „theologische Therapie" im Laufe der biblischen Erzählung durch Gottes Intervention erfolgen kann, darf und muss der leidende Diener Gottes seine Fehlhaltung unmissverständlich klar erkennen und bekennen. Diese bedingungslose Kapitulationserklärung sich selbst gegenüber reißt die selbst errichteten Schutzmauern um die eigene Herzmitte herum ein und ermöglicht somit die dringend not-wendige Durchlässigkeit für Gottes Geist der Heilung. Im Zuge seiner noch folgenden langatmigen Gespräche mit seinen angereisten Tröstungsfreunden wird Ijob weitere erschütternde Bekenntnisse über seine ein Leben lang stark verzerrte Gottesbeziehung machen. All diese selbst geschaffenen geistigen Konstrukte haben in der Folge sein fassadenhaftes Leben zusammenbrechen lassen. Welch entsetzliche Macht – unberechtigte Macht – einen „braven" Menschen zur inneren wie äußeren Zerrüttung führen kann, anstatt diese fehlgeleitete Macht in Gottes fürsorgliche Hände zu legen und den echten wirkenden Gott zu erleben.

Der berühmte US-Präsident Franklin Delano Roosevelt drückte im Rahmen seines Wahlkampfes 1933 inmitten der lähmenden Weltwirtschaftskrise seine feste innere Überzeugung zur Angstüberwindung mit folgenden Worten aus – Worte, die ihn zum überwältigenden Sieger machten:

„So lassen Sie mich zunächst meiner Überzeugung Ausdruck verleihen, dass es nur eins gibt, das wir fürchten müssen, Furcht selbst – namenloser, unvernünftiger, unbegründeter Terror, der nötige Anstrengungen lahmlegt, Rückschritt in Fortschritt zu verwandeln."

Der Autor

Dr. Yuval Lapide ist der Sohn der bekannten und bahnbrechenden jüdischen Bibelgelehrten Pinchas und Ruth Lapide. Er ist im Heiligen Land geboren und wirkt seit zwei Jahrzehnten europaweit als professioneller und passionierter jüdischer Bibel- und Judentumskenner für einen jüdisch-christlichen Dialog. Sein Engagement versteht er als Brückenbau zwischen Orient und Okzident sowie zwischen Mutterreligion Judentum und Tochterreligion Christentum.